청소년들의 진로와 직업 탐색을 위한

잡프러포즈 시리즈 07

소리에 설레는

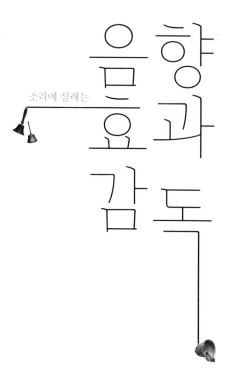

# 음향효과감독

소리에 설레는

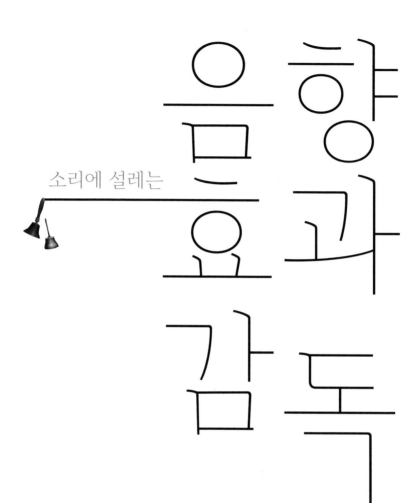

음향효과와 감독

안익수 지음

영화에서의 음향은 단순히 영상의 보조가 아니라
영상효과를 두세 배 가중시키는 역할을 한다.

- 구로사와 아키라 Kurosawa Akira -

재미가 없다면, 왜 그것을 하고 있는 건가?

- 제리 그린필드 Jerry Greenfield -

C·O·N·T·E·N·T·S

**음향효과감독 안익수의 프러포즈** _010

**첫인사** _013

**음향효과감독이란**
음향효과란 무엇인지 궁금해요 _020
음향효과의 유래에 대해 알려주세요 _022
음향효과가 실생활에서는 어떻게 사용되고 있나요 _024
음향효과감독은 어떤 일을 하나요 _030
이 직업을 갖고 있는 분들이 몇 명 정도 될까요 _040
외국 음향효과감독들의 위상은 어떤가요 _042
음향효과감독이라는 직업의 장점에 대해 알려주세요 _044
음향효과감독이라는 직업의 단점에 대해 알려주세요 _047
이 직업의 전망은 어떤가요 _050

**음향효과감독의 세계**
음향효과감독으로 살면서 가장 중요하게 생각하는 것은 무엇인가요 _054
음향효과감독만의 독특한 삶의 방식이 있나요 _056
시간이 날 때는 어떤 일을 하나요 _058
섬세한 작업을 하다보면 아무래도 성격이 예민해질 것 같아요 _061
기발한 아이디어를 이용해 소리를 만든 적이 있나요 _063
소리를 잘 못 내 실수했던 적이 있나요 _066

일에서 보람을 느낄 때는 언제인가요 _067
음향효과를 다루는 일은 기술에 가깝나요 예술에 가깝나요 _069
이 직업을 잘 표현한 소설이나 영화, 드라마를 보신 적 있나요 _071
음향효과감독으로서의 고민이 있나요 _074

**음향효과감독이 되는 방법**
음향효과감독이 되는 방법을 알려주세요 _078
청소년기에는 어떤 준비를 하면 좋을까요 _080
필요한 역량과 자질은 무엇인가요 _082
소리에 대한 재능을 어떻게 키워갈 수 있을까요 _083
이 직업을 꿈꾸는 분들에게 조언을 해준다면요 _085

**음향효과감독이 되면**
정규직과 계약직의 차이에 대해 알려주세요 _088
프리랜서의 보수는 어느 정도인가요 _091
음향효과감독의 일과는 어떤가요 _093
채음을 위해 여행을 많이 다니나요 _097
직업병도 있나요 _100
다른 분야로 진출이 가능한가요 _102
자녀가 이 직업을 선택한다면 지원해주실 건가요 _104

C·O·N·T·E·N·T·S

**나도 음향효과감독**

파도 소리 만들기 _108

눈 밟는 소리 만들기 _110

얼음 깨지는 소리 만들기 _112

비 오는 소리 만들기 _114

개구리 울음 소리 만들기 _116

뼈 부러지는 소리 만들기 _118


**음향효과감독 업무 엿보기**

채음 _123

자료화 _129

폴리효과 _131

음악효과 _134


**음향효과감독 안익수 스토리** _137


**음향 관련 직업**

레코딩엔지니어 _156

게임사운드크리에이터 _162

작곡가 · 작사가 · 편곡가 _167

# 음향효과감독
# 안익수의 프러포즈

## 음향효과감독
## 안익수의
## 프러포즈

지구에는 공기가 있어서 사람이 살 수 있어요. 소리는 공기의 떨림을 통해서 사람들의 영혼을 자극하고요. 그렇기에 인간의 오감 중 소리를 듣는 청각이 제일 먼저 깨어나는지도 모르겠네요. 인간은 엄마의 뱃속에서 20주가 넘으면 소리를 듣게 돼요. 다른 감각은 아직 없는데도 말이죠.

그리고 큰 울음소리를 내며 태어나요. 공기 중의 첫 호흡을 하기 위해서죠. 이렇게 사람은 소리와 함께 삶을 시작해요. 그리고 엄마와 아빠의 자장가 소리를 듣고 사람들과 대화를 나누며 수많은 소리 속에서 살아가는 거죠. 친구들의 웃음소리, 새소리, 바람 소리, 전화벨 소리, 자동차 소리, 음악 소리.

그러다가 숨이 끊어지고 모든 감각을 사용할 수 없게 되어도 한동안은 소리를 들을 수 있어요. 마치 세상에 태어나기 전 모태 속에서 소리를 들었던 것처럼 최후의 소리를 듣는 거죠. 이처럼 소리는 우리 삶의 시작과 끝을 함께하며 많은 영향을 주고 있어요.

인류 초기 원시시대에도 소리는 소중한 자원이었죠. 위험을 막아주는 신호가 되어 주었고, 흥을 돋우고 용기를 주는 데에도 소리를 사용했어요. 무성영화 시절에 사람들은 움직이는 화면을 보고 놀라움을 금치 못했어요. 하지만 소리가 없었기에 뭔가 아쉽고 답답했죠. 여러분이 영화관에 갔는데 갑자기 소리가 나오지 않는다면 어떨지 상상해 보세요. 영화 음향 뿐만 아니라, 만약 세상의 모든 소리가 사라진다면 어떻게 될까요? 저는 상상하고 싶지도 않지만 굉장히 큰 불편과 혼란을 초래하리라 생각해요.

오늘날의 음향효과 분야는 인간과 소리를 더 친근하게 만들어 주고, 삶을 더 윤택하게 해주고 있어요. 음향효과감독이 그 일을 해오고 있죠. 방송이나 영화, 광고, 애니메이션, 게임, 연극, 뮤지컬, 퍼포먼스 등 다양한 매체와 장르에 필요한 여러 가지 소리들을 연구하고, 만들어내고, 활용하고 있어요. 한발 더 나아가 소리를 인류에게 더욱 효과적으로 활용할 수 있는 방안을 찾고 있죠.

소리는 정신적, 육체적 치유와 치료를 비롯해 다양한 분야에 활용되고 있고. 지금도 꾸준히 새로운 분야로의 활용 방안을 연구하고 있어요. 우리가 미처 생각하지 못했던 다양한 분야에 감성적인 소리를 접목할 것이며 그 사용범위는 점점 더 확장될 것이므로 음향효과 분야는 전망이 매우 밝아요. 또 그런 점에서 진로는 무궁무진하다고 할 수 있죠.

음향효과 분야를 인류 전체에게 유익하게 활용하는 연구는 후배 여러분이 해 나가야 할 일이에요. 음향이 영화를 풍성하게 만들 듯, 우리 삶을 더욱 윤택하고 풍요롭게 만드는 보람 있는 일이죠. 그렇기에 소리에 대한 관심, 인류를 위한 따뜻한 마음을 간직한 여러분에게 음향효과감독에 대한 모든 것을 알려주고 싶어요.

# 첫인사

토크쇼 편집자 – 편

음향효과감독 안익수 – 안

**편** 선생님, 안녕하세요.

**안** 안녕하세요. 반가워요.

**편** 먼저 선생님 소개를 부탁드려요.

**안** 저는 현재 KBS 방송국에서 음향효과감독 겸 폴리아티스트로 25년째 근무하고 있으며, 음향컨설팅 회사인 (주)유엔콘트롤의 기술이사, 숭실대학교 전자정보공학부 겸임교수 및 소리공학연구소 책임연구원으로 활동하고 있어요.

**편** 얼마 전 tvN에서 방영한 〈또! 오해영〉이라는 드라마가 인기를 얻으면서 음향효과감독이라는 직업에도 관심이 많아진 것 같은데 주변에서 이 직업에 대해 궁금해할 것 같아요.

**안** 네, 많이 궁금해해요. 벌써 여러 차례 학생들이 견학을 다녀갔고, 다양한 프로그램에서 인터뷰나 출연 제의도 받아서 방송에 나가기도 했죠. 몇 해 전인가 유지태 씨가 출연했던 〈봄날은 간다〉에서도 주인공의 직업이 음향효과감독이었는데 그때보다 더 많은 관심을 받은 것 같아요. 물론 〈또! 오해영〉에 나오는 에릭과 너무 달라 오신 분들이 실망의 눈빛을 보였지만 금세 저의 매력에 흠뻑 빠져들더군요.^^

편 음향효과감독을 하신지는 얼마나 되셨나요?

안 음향효과감독으로 활동한지 25년이 넘었어요. KBS에 입사하기 전에도 프로덕션과 녹음실에서 활동을 했으니 많은 시간을 소리와 함께 했네요.

편 이 직업을 선택한 이유가 있으신가요?

안 어릴 적부터 소리가 신기하고 그 원리가 궁금했어요. 재질에 따라 소리가 다르고 지구상에 다양한 소리들이 환경과 상황에 따라 다르게 존재하는 것도 재미있었고요. 군 전역 후

잡동사니는 나의 소리 재료

컴퓨터가 대세인 때여서 잠시 컴퓨터 회사에 다녔지만 소리를 다루는 분야가 방송국에 있다는 사실을 알았고 도전해서 이 자리에 있게 되었죠.

어릴 적 어머니께서 재미로 사주를 보셨는데 철학관에서 제가 소리 나는 일을 하게 될 거라고 말해주더래요. 그 소리 나는 일이 지금의 음향효과감독 일인지는 모르겠지만 그래도 25년 넘게 일하고 있는 걸 보면 제 천직이 아닌가 생각해요.

**편** 청소년들에게 이 직업을 프러포즈하는 이유가 있을까요?

**안** 저처럼 소리에 관심이 있는 친구들이 많을 거라고 생각해요. 전 소리가 왜 다 다르고, 다양한지 아직도 궁금해요. 같은 공기를 매질로 전달되는데 말이죠. 과학만으로 풀 수 없는 뭔가가 있을 것만 같아요.

소리는 인간의 감각기관 중 가장 먼저 발달하고, 살아가는 동안 수많은 상상을 할 수 있게 해주죠. 또 가장 늦게까지 기능을 하는 기관이라 인간과 아주 밀접하게 관련되어 있다고 할 수 있어요. 그러니 앞으로 소리와 관련된 분야는 더욱 더 발전되리라고 생각해요.

특히 우리 삶의 질이 높아질수록 소리에 대한 민감도는 높

아질 거예요. 그만큼 음향이 산업에 미치는 영향도 커질 거고
요. 정부에서는 음향산업의 중요성을 인식하고 현재 경기도
일산에 차세대음향산업지원센터를 건립해서 음향산업을 지원
하고 있고, 2020년에는 세계음향산업 4위 국가 도약을 꿈꾸
는 만큼 음향전문가의 미래는 밝다고 할 수 있어요. 소리에 관
심 있고 창의적인 일을 하고 싶은 사람이라면 누구나 음향전
문가가 돼서 우리나라의 음향산업을 이끌어갈 인재가 될 수
있다고 생각해요.

# 음향효과감독이란

## 음향효과란 무엇인지 궁금해요.

[편] 우선 음향효과란 무엇인지 알려주세요.

[안] 음향효과는 방송이나 영화, 연극, 뮤지컬 등의 영상물 또는 공연콘텐츠에서 생생함을 살리기 위해 더해지는 모든 소리를 말해요. 방송국이 개국할 당시에는 라디오 방송밖에 없었기 때문에 방송이 음향만으로 이루어졌어요.

그러다 TV가 등장하면서 영상의 비중이 커지고 음향은 보조 역할에 머물렀죠. 하지만 이제는 소리의 질을 따지는 시대가 되었을 정도로 음향 분야가 많이 발전했고 영상과 음향의 비중이 거의 비슷해졌어요. 장비도 고급화됐고요.

아무리 특수효과가 뛰어나고 영상이 아름다운 영화라도 그 작품에 알맞은 음향이 들어가지 않는다면 작품을 감상하기가 힘들 거예요. 음향효과는 그만큼 중요하기 때문에 요즘은 높은 수준의 음향시설을 갖춘 극장을 일부러 찾아가는 관객도 늘고 있죠.

[편] 음향효과와 음악효과는 어떻게 다른가요?

[안] 음향효과에는 자료효과, 폴리효과, 음악효과 이렇게 세

*KBS* 라디오 스튜디오

가지 분야가 있어요. 예전에는 음향효과와 음악효과를 따로 떼어 분류하기도 했어요. 그렇지만 음악도 음향의 범주 안에 있으므로 음향효과의 범주 안에 음악효과가 있는 거죠.

음향효과는 영상물의 생생함을 효과적으로 표현하기 위해 삽입하는 대사 이외의 모든 소리를 말하는데 그중에서 작품의 분위기에 맞게 음악을 작곡하거나 편곡하고 선곡해서 효과적 으로 사용하는 것을 음악효과라고 해요.

## 음향효과의 유래에 대해 알려주세요.

**편** 음향효과의 유래에 대해 알려주세요.

**안** 음향효과는 소리를 인류에게 유익하게 사용하는 분야라는 관점으로 볼 때 원시시대 때부터 유래되었다고 할 수 있어요. 침입자를 알리거나 경고하기 위한 신호, 사냥을 떠날 때나 부족 간의 싸움에 나설 때 단합과 독려를 위해 북 같은 타악기나 피리 같은 관악기를 만들어 사용한 것이 음향효과의 시작이라고 볼 수 있죠.

문명시대에 들어와서는 모든 극 중에서 연극의 역사가 가장 오래된 만큼 음향효과도 연극에서 가장 먼저 사용했다고 볼 수 있어요. 연극 무대에서 도구를 이용해 독특한 소리를 내거나 음악을 틀긴 했지만 그때는 음향효과란 용어를 사용하진 않았어요. 방송국이 개국하면서 음향효과라는 용어를 사용하기 시작했죠.

방송 초창기에는 방송국에서 연극을 라디오로 중계했는데 실제 무대처럼 표현하기가 어려웠어요. 그래서 당시에는 녹음기가 없었으니 도구를 이용해 장면마다 소리를 넣었죠. 곡식을 거르는 키를 이용해 파도소리를 내고, 부채에 콩을 매달고 흔들어 비 오는 소리를 내기도 했어요. 그러면서 음향효과가 시작됐고 라디오드라마 장르가 생겨난거죠.

## 음향효과가 실생활에서는 어떻게 사용되고 있나요?

편 음향효과가 실생활에서는 어떻게 사용되고 있나요?

안 음향효과는 우리의 생활에 아주 중요한 영향을 미치고 있어요. 치유를 위한 소리나 건강에 도움을 주는 소리는 물론 다양한 산업 분야에서도 소리를 효과적으로 사용하고 있어요.

예를 들어 소리는 진동 주파수에 의해 전달되는데 사람의 인체에서 뇌, 척추, 장기는 저마다 독특한 진동주파수에 반응해요. 그걸 연구해서 소리로 병을 치료하는 방법이 개발되고 있어요. 자폐아 치료에도 고주파 음이 사용되고 있어요. 외국에선 돌고래 소리를 들려주는 태교도 있고요. 돌고래 소리가 태아의 두뇌발달에 좋다는 연구가 있거든요. 그 밖에 음악치료와 사운드를 이용한 명상치료도 잘 알려져 있죠.

마케팅 분야에도 이용되는데 예를 들면 여름철 과일 매장의 참외나 수박 판매대, 또는 대나무 용품 판매대에 매미 소리, 들판의 바람 소리, 풀벌레 소리를 틀어놓기도 해요. 여행이나 레저, 스포츠용품 판매대에도 바닷가 파도 소리나 계곡물 소리, 폭포 소리를 틀어 놓고 소비자들의 구매 욕구를 높이죠. 그리고 매장의 고객 회전에도 사용되는데, 한가한 매장에는 여유로운 음악으로 고객을 오래 머물게 하고 고객들이 붐비는 시간에는 빠른 템포의 음악을 틀어 고객의 회전율을 높인다는 건 많이들 아실 거예요.

무기로도 사용되는데 제2차 세계대전 때는 소리대포가 사용되기도 했어요. 소리대포를 쏴 적군을 큰 소리로 위협해서 쫓았던 거죠. 요즘에는 불법 과격 시위대를 해산시키기 위해서 사용하기도 하는데 전시 때보다는 약한 수준으로 시위대의 고막에 충격을 줘서 해산하게 하죠. 또 적군의 매복 상태를 확인하기 위해서 미리 녹음된 총소리를 매복지에 재생시켜 적의 위치를 파악하기도 해요.

요즘 나오는 하이브리드카, 수소자동차, 전기자동차 같은 친환경 자동차는 소리가 안 나요. 하지만 소리가 없으면 보행자가 미처 피하지 못해서 사고의 위험이 많기 때문에 엔진음이나 이동음을 일부러 집어넣기도 하죠. 고객을 위한 맞춤형 사운드를 개발하기도 해요. 세계적인 명차들도 무조건 자동차의 엔진소음을 최소화하는 것이 아니라 음향전문가가 자동차의 힘을 최대한으로 느낄 수 있는 엔진음을 만들기도 하죠.

시각장애인들이나 청각장애인들에게도 소리는 정말 중요하죠. 시각장애인들을 위해 박쥐의 초음파를 이용한 지형지물과 먹이 인지 원리를 활용해 안경에 스마트 기능을 장착하고 소리로 사물을 보는 연구를 하고 있어요. 청각장애인들을 위해서는 고막이나 세반고리관, 달팽이관 같은 청각기관의 기능이 없어도 두개골이나 피부로 소리를 인식하는 방법을 연구하고 있어요.

아기 울음소리를 연구해서 초보 엄마에게 육아에 도움을 주는 방법도 개발했어요. 아기는 배고플 때, 용변을 봤을 때, 엄마가 그리울 때, 아플 때, 졸릴 때, 심심할 때 우는 소리가 모두 달라요. 그래서 그 울음소리를 판별해서 엄마에게 아이의 상태를 알려주는 기계가 만들어진지 오래고 요즘엔 스마트폰 애플리케이션으로 개발되어 좋은 반응을 얻고 있어요. 또 아기가 울 때 일종의 화이트 노이즈인 파도 소리, 폭포 소리, 빗소리 등을 들려주어 울음을 그치게 할 수 있죠. 진공청소기 소리도 화이트 노이즈 대용으로 쓸 수 있어요.

동물들을 위한 소리의 연구도 활발하게 연구되고 있어요. 개들이 즐거워 할 때의 소리를 녹음해 두고 사나운 개나 우울증에 걸린 개에게 들려주면 순해지기도 하고 우울증이 고쳐지기도 한대요. 천연기념물 종이나 번식이 어려운 동물들의 종족 번식을 위해서 번식기 암수의 울음소리를 녹음해 두었다가 활용하는 방법도 있죠. 또 어미의 울음소리를 녹음해 두었다가 어미를 잃은 동물의 사육에 사용하기도 해요. 동물원에서는 그 동물이 살던 서식지대로 환경을 꾸며줄 때 서식지의 소리도 그 대로 들려주어 동물들의 스트레스를 완화시켜 준다고 해요.

농수축산업에도 소리는 유용하게 활용돼요. 채소나 과일 의 성장에 도움을 주기 위해서 그린 음악을 들려주기도 하고, 가축의 축사에 자연의 소리를 들려주거나 편안한 음악과 생동 감 있는 음악을 적절히 들려주었더니, 젖소는 우유의 양이 많 아졌고 육우는 육질이 좋아졌다는 연구결과는 많이들 알고 있 죠. 멧돼지나 들짐승이 논이나 밭에 출몰하여 농작물을 쑥대 밭으로 만드는 지역에서 호랑이 울음소리를 사용해 쫓아낸 사 례도 있어요.

소리 소화기도 있어요. 60헤르츠 미만의 저주파를 응축시 켜서 쏘면 순간적으로 발화점을 진공화해서 초기 진화에 효과 적이에요. 기존의 분말 소화기나 액상 소화기는 매번 내용물 을 갈아주어야 하고 소화기를 쓰고 나면 오염이 되는데 소리 소화기는 소리로 불을 끄기 때문에 주변 환경의 손상도 없죠. 소리공학연구소에서는 소리 소화기의 소형화와 경량화, 고성 능화이 연구를 위해서 노력하고 있어요.

수족관에 간 적이 있었는데 투명 유리 밑에 상어가 있었어요. 그런데 갑자기 유리 깨지는 소리가 나서 사람들이 놀라더라고요. 이런 식으로 아이디어를 재미있게 활용하기도 해요. 놀이공원에서도 코믹한 소리나 무서운 소리를 개발해서 활용하기도 하고요. 또 과학관의 증강현실 체험이나 가상현실 체험, 자동차나 비행기, 선박 조종 체험, 태풍이나 지진, 우주공간 체험에 실감나는 소리를 이용하죠.

그 밖에도 모기가 싫어하는 소리를 개발하여 야외활동을 하는 사람들에게 도움을 준다든지, 수험생들의 집중에 도움이 되는 소리를 연구하거나, 층간 소음이나 자동차 소음을 줄여주는 연구를 하는 등 다양한 분야에 소리가 활용되고 있고 모

TIP 음향효과용어

**주파수와 헤르츠**

주파수는 하인리히 헤르츠라는 독일의 물리학자가 발견했어요. 단위 시간 내에 몇 개의 주기나 파형이 반복되었는가를 나타내는 수를 말하며, 주기의 역수와 같아요. 1초당 1회 반복하는 것을 1헤르츠라고 해요. 인간은 1초에 스무 번이 떨리는 소리부터 들을 수 있고, 평균 20헤르츠부터 2만 헤르츠까지 들을 수 있어요. 청각이 예민한 어린 아이들은 16헤르츠부터 듣기도 해요.

두 넓은 의미에서는 음향효과라고 생각해요. 이런 것들을 더 많이 연구하고 발전시켜서 문화예술 콘텐츠에 접목시키거나 일상생활에 유용하게 사용하면 좋겠죠.

## 음향효과감독은 어떤 일을 하나요?

편 음향효과감독은 어떤 일을 하나요?

안 음향효과감독은 한 마디로 소리를 효과적으로 다루고 활용하는 사람이에요. 없는 소리는 창의적으로 만들고, 있는 소리는 잘 표현될 수 있도록 다듬고, 상황에 맞는 음악 선율을 작곡하거나 편곡, 선곡하고 작품에 적절하게 활용해 소리의 효과를 극대화하는 일을 해요.

유유히 흐르는 서울의 젖줄, 한강에서의 채음

📵 구체적으로 어떤 일을 하나요?

📵 음향효과감독의 일은 자료효과, 폴리효과, 음악효과 분야로 나눌 수 있어요.

소리는 크게 숲이나 동물의 소리 같은 자연음과 기계나 자동차의 인공음으로 분류해요. 이런 자연음이나 인공음을 채집하기 위해 녹음하는 것을 채음이라고 하고요. 녹음기를 들고 다니며 채음을 하고, 채음한 소리를 다듬어서 언제든지 프로그램에 바로 쓸 수 있게 자료화시켜 놓는데 이걸 자료효과라고 해요.

예전에는 주로 마그네틱테이프에 녹음을 해서 테이프효과라고 불렀는데 시대가 변하면서 저장 매체도 계속 발전하고 변화하고 있기 때문에 제 석사 논문에서 자료효과라는 말을 사용하기 시작했죠. 자료효과는 대본에 배경음Ambience인지 목적음인지 표시가 되어 있는 경우가 대부분이에요. 예를 들면 '빗소리', '자동차 출발, 정지, 충돌', '사진 촬영' 등으로 표시가 되어 있어요.

폴리효과는 도구를 이용해 소리를 만드는 작업을 말해요. 1930년대 유니버셜 스튜디오의 사운드 테크니션이었던 잭 도너반 폴리Jack Donovan Foley라는 사람이 유성영화에서 음향의 질을

향상시키거나 소리로써 실감나는 영상을 묘사하기 위해 다양한 소도구나 장비를 이용했어요. 그래서 잭 폴리의 이름을 따 폴리효과라는 용어를 쓰기 시작했죠.

폴리효과는 자료효과보다 조금 더 복잡해요. 대본에 지문 형식으로 '급히 뛰어간다', '싸운다'라고 되어 있거나 아예 지문이나 대사로 표현을 해주지 않는 경우도 있어요. 해설 속에서 설명해주는 경우도 있고 대사 속에 숨어있는 경우도 많아요. 대본을 자세히 읽어보고 필요한 소리를 찾고 도구를 준비해 세팅해두죠.

미리 다 녹음해서 쓰면 되지 왜 폴리효과 작업을 할까요? 예를 들어 컵에 물을 따르는 장면이 있어요. 목이 너무 말라 급한 경우는 콸콸 따르잖아요. 반대로 아파서 기운이 없는 상황이면 천천히 따르겠죠. 작품의 상황과 감정에 따라 표현을 해줘야 하기 때문에 폴리효과를 사용하죠. 그래서 폴리효과를 담당하는 사람을 소리 연기자라고도 해요. 외국에서는 그런 사람들을 더 인정해주는 경향이 있기 때문에 폴리아티스트라고 불러요.

보통 산모가 출산하는 장면에서 신생아 울음소리의 표현은 실제로 신생아를 데려다 놓을 수 없기 때문에 자료효과를 사용하고, 책을 읽거나 휴대폰 검색하는 소리는 상황에 따라 감정이 섞여 빨리 넘길 수도 느긋하게 넘길 수도 있기 때문에 폴리효과를 사용하죠. 자료효과는 기계음이나 동물 울음소리, 특수 효과 등 폴리효과로 낼 수 없는 소리가 필요할 때 사용하고 폴리효과는 연기자의 감정과 동작에 의한 표현을 하기 위해서 사용해요.

음악효과를 위해서는 작곡이나 편곡을 할 수 있으면 아주

폴리효과 제작 중

좋아요. 작곡을 할 수 없는 사람은 선곡을 위주로 작업이 가능하지만 음악적 감각이 뛰어나 기존의 음악을 잘 활용할 수 있어야겠죠. 이 일도 자료효과처럼 시그널 음악, 브리지 음악, 코드 음악, 비지 음악, 엔딩 음악, 즐거운 소리, 슬픈 소리, 공포 분위기에 어울리는 소리 등 상황에 맞는 음악 등으로 자료화해서 보관해둬요. 그러니 시간이 날 때마다 여러 가지 음악을 들어보는 게 좋겠죠.

**편** 음향감독과 음향효과감독은 어떻게 다른가요?

**안** 음향감독은 방송국에서 엔지니어라는 호칭을 사용해요. 녹음이 원활하게 진행될 수 있도록 스튜디오나 콘솔, 스피커, 마이크처럼 방송에 필요한 녹음 장비를 관리하고 다루는 사람이죠.

음향감독이 하드웨어 쪽 성향이 강하다면 음향효과감독은 소프트웨어 쪽 성향이 더 강하다고 보시면 돼요. 음향효과감독은 각종 소리를 녹음하거나 편집해서 자료로 만들거나, 도구를 이용해서 소리를 만들고, 음악을 작곡 또는 편곡, 선곡하여 프로그램의 장르에 맞게 효과적으로 사용하는 일을 해요.

**TIP** 음향효과용어

### 폴리아티스트

폴리아티스트는 영화 속에서 사람의 목소리와 음악을 제외한 모든 상황에서 발생하는 소리를 창조하는 역할을 해요. 현재 국내에는 폴리아티스트 전문 교육기관이 없어요. 하지만 영화진흥위원에서 교육을 목적으로 한 인턴제도를 마련하고 있어요. 한편, 소리나 음향에 대한 지식이 기본이 되어야 하므로 음향이나 영화 사운드를 전공한 사람들이 경험을 쌓은 후 활동하고 있어요.

**편** 팀을 이뤄서 작업하나요?

**안** 네. 라디오 드라마는 주로 동시 녹음으로 작업을 하고 음향효과 담당자 여러 명이 팀을 이뤄서 작업을 하죠. 음악효과와 자료효과, 폴리효과를 담당하는 사람 등이 세 명 이상 팀을 이루어 작업을 하고, 복잡한 폴리 작업이나 특수효과 작업은 서로 분담하여 제작하기도 하죠.

**TIP** 음향효과용어

### 콘솔

일반적으로 각종 시스템에서 주요 본체가 되는 기기를 일컫는 말이에요. 컴퓨터에서는 본체, 게임기에서는 게임조정바와 모니터, 비행기에서는 계기반 등이 콘솔에 해당해요. 여기서 말하는 콘솔은 음향기기에서 여러 음원들을 섞는 믹서나 오디오시스템의 앰프를 뜻해요.

### 동시 녹음

촬영과 동시에 녹음을 행하는 것을 말해요. 촬영 및 편집이 끝난 후에 녹음 스튜디오에서 일괄 더빙하는 후시 녹음에 비해 음질이 떨어질 우려가 있으나 상대적으로 현장성이 강조되어 녹음 효과는 월등해요. 오늘날에는 촬영 현장에서의 동시 녹음이 사운드 제작의 표준으로 인식되고 있어요.

영화는 거의 후반 작업 즉 포스트 작업을 하는 경우가 많아요. 포스트 제작은 편집이 끝난 영상에 대사나 내레이션, 음향효과 등을 녹음하는 것을 말하는데 무협이나 사이버 드라마 같은 경우는 복잡한 효과음이 많이 들어가서 포스트 제작을 많이 해요.

예전에는 TV 드라마도 후반 작업으로만 제작을 했는데 동시 녹음으로 바뀐 후에도 특별한 장면은 포스트 제작을 많이 하죠. 음향효과감독이 사운드 편집 툴을 이용해 소리를 입히는데 이런 경우 혼자서도 충분히 하지만 나누어서 작업하기도 해요.

그러나 동시 녹음은 로케이션 현장에서의 잡음 통제에 한계가 있고 세트 촬영 중에도 카메라, 조명 장비, 발전 장비 등에서 미세한 잡음이 새어 나와 음질을 떨어뜨리는 단점이 있기 때문에 현대 영화에서는 동시 녹음에 후시 녹음을 보완하는 방법을 써요. 보통 대사는 동시 녹음으로 채록하고 내레이션, 효과음, 배경음 등은 후시 녹음으로 작업하는 방법을 주로 써요.

편 어떤 사람들과 함께 일 하나요?

안 어떤 프로그램이든 PD가 있고 작가가 있어요. 드라마가 아니더라도 작가가 있거든요. TV와 달리 라디오는 전부 소리로 표현을 해야 하는데 해설이나 어떤 표현도 없이 대본을 본 제작진만 알게끔 쓰는 작가도 있어요. 그러면 아무리 리얼하게 표현해도 청취자들은 무슨 소리인지 잘 모르죠. 그런 경우 작가와 만나 논의하죠. TV 대본과 라디오 대본은 엄연히 다르거든요.

포스트 프로덕션

엔지니어와의 협업도 중요하죠. 자료효과와 음악효과 담당자가 각각 서브 콘솔에서 작업을 하고 폴리효과는 스튜디오 부스 안에서 폴리 전용 마이크에서 작업해요. 엔지니어가 메인 콘솔에서 잘 받아줘야 하는데 세팅이 잘 되어있지 않거나 마이크를 제때 올려주지 않으면 제대로 된 소리가 수음되지 않기 때문에 서로 호흡을 맞추기 위해 협력합니다.

폴리효과 담당자인 경우에는 연기자와 굉장히 밀접하죠. 연기자의 호흡과 폴리효과가 잘 맞아떨어져야 좋은 연기가 나오니까요. 특히 라디오는 호흡이 중요해요. 급한 호흡, 화가 난 호흡, 즐거운 호흡뿐만 아니라 종이 한 장을 전달하는 장면에도 호흡을 해줘야 효과음이 잘 어우러져요.

**TIP** 음향효과용어

### 후시 녹음 (포스트 프로덕션)

편집된 영상을 보면서 사운드 편집 프로그램 툴을 이용해 대사와 내레이션, 음향 효과 등을 녹음하는 것을 말해요. 다양한 효과 소스를 사전에 만들어 폴더에 준비해 두고 작업을 하죠. 촬영과 동시에 녹음을 행하는 동시 녹음의 경우에도 대사의 명료한 전달과 음향 효과, 영화 음악 등을 위해 후시 녹음을 병행하는 경우가 많아요.

# 이 직업을 갖고 있는 분들이 몇 명 정도 될까요?

편 이 직업을 갖고 있는 분들이 몇 명 정도 될까요?

안 KBS한국방송의 음향디자인실에서 일하는 분들은 대략 30명 정도인데 MBC나 SBS, EBS에도 최소 인력이 있어요. 외주제작업체 등에서 음향효과 작업을 하는 사람들까지 합하면 정확한 숫자는 모르겠지만 공식적으로 활동하는 사람은 대략 80명 정도가 될 거예요. 하지만 영화나 광고 쪽에도 다양한 팀들이 있고, 유관 녹음실에도 음향효과 담당자가 있는데 그분들까지 합하면 250여 명 정도가 될 거라고 생각해요.

편 우리나라 방송이나 영화산업의 규모에 비해 음향효과 담당자 수가 굉장히 적은 것 같은데 이유가 있나요?

안 글쎄요. 제가 생각하는 게 정답은 아니겠지만 우리나라의 급속한 성장과도 관련이 있다고 생각해요. 빠르게 성장하다 보니 차근차근 절차를 밟지 않고 텍스트미디어 시대에서 곧바로 영상미디어 시대를 맞이했다고 할 수 있어요. 음향의 시대인 라디오 시대가 외세에 의해 형성되었다가 빠르게 TV 시대로 전환되어 보이는 것에 현혹되어 버렸다는 거죠.

음향의 거장이 나올 기회가 없었고 오히려 외국의 음향 시스템에 의존하기에 바빴어요. 그러다 보니 대한민국에서 음향은 영상을 위한 보조 역할이라는 인식이 굳어졌죠. 방송환경을 예로 들면 KBS의 경우 영상과 음향이 대등해진 요즘의 방송환경에도 불구하고 카메라맨이 정규직인데 반해 음향감독은 아직도 비정규직이라는 점이죠.

영화도 마찬가지예요. 영화음향 담당자들의 역할은 매우 저평가되어 있고, 보수도 적게 책정되어 있죠. 그러다 보니 우리나라 음향효과 담당자들의 규모가 작게 형성되어 있다고 봐요. 말하자면 인기 직종이 아니라는 거죠.

하지만 앞으로는 상황이 전혀 달라질 거예요. 음향에 대한 중요성이 점차 인식되어 가는 추세이기 때문이죠. 화려한 영상에 걸맞은 사운드를 만들어내려는 노력이 인정받게 되었고, 그 결과 음향의 매력이 영상의 매력을 압도할 수 있는 환경이 형성되고 있죠. 또한 음향효과가 우리 생활에 유익하게 활용될 수 있다는 연구결과가 속속 나오는 것도 미래의 음향효과 분야에 대한 희망을 말해주고 있어요.

# 외국 음향효과감독들의 위상은 어떤가요?

편 외국 음향효과감독들의 위상은 어떤가요?

안 우리나라 드라마의 크레딧을 보면 먼저 극본, 연출이 나오고 그 다음 연기자 이름이 나가면 맨 끝에 음향효과가 올라가는데 유럽, 미국, 일본의 경우는 극본, 연출, 음향 이렇게 세 분야가 처음에 같이 올라가요. 같은 레벨인 거죠. 이런 단적인 예만 봐도 외국 음향효과감독의 위상이 더 높다고 볼 수 있겠죠.

정확히는 모르지만 할리우드에서는 폴리아티스트나 음향효과감독이 사장에 버금가는 대우를 받는다는 얘기를 들은 적이 있어요. 매우 부러운 현상이죠. 외국은 장인을 소중하게 여기는 풍토가 있어요. 그러나 우리나라는 직업에 귀천이 없다고 말로만 얘기하지 모두가 공부해서 화이트칼라만 되려고 해요.

조선시대가 양산해낸 사농공상, 노론·소론, 당파싸움이 지금까지도 우리나라 발전의 저해 요소가 되고 있다고 생각해요. 그 시대엔 의사나 기술자, 과학자들이 천한 신분이었다고 하니 전문 분야가 제대로 발전했겠어요?

외국은 일찍부터 다양한 분야의 전문가를 양성하는 토대가 마련되어 있죠. 그래서 에디슨이 나올 수 있었고 아인슈타

인과 베토벤, 슈바이쳐, 퀴리부인, 라이트 형제가 나올 수 있었던 거죠. 일본이 우리나라보다 성장할 수 있었던 것도 일찍부터 개방정책을 쓰고 장인을 우대했기 때문이죠. 그들은 작은 것도 하찮게 보지 않는 진지함이 있어요.

공부를 잘하고 소위 좋은 대학을 나온 사람들이 재계와 정계로 진출했지만 우리나라의 경제는 악화일로를 걷고 있고, 정책은 매년 혼란스럽죠. 오히려 끼와 열정이 넘치는 문화예술인들이 한류를 이끌어나가고 세계에 대한민국을 알리고 있어요. 자기가 하고 싶은 일을 하는 사람들이 뭔가를 이루어내는 거예요.

음향효과인들도 자신의 길을 스스로 개척해 나가야 해요. 방송이나 영상물 작업에 머물 것이 아니라 다양한 분야와 접목을 시켜나가야 해요. 국내에서의 대우가 마음에 들지 않으면 처우가 좋은 외국으로 나가 영역을 넓혀야 하겠죠. 그게 바로 음향효과의 실용화와 문화콘텐츠화라고 생각해요.

# 음향효과감독이라는 직업의
# 장점에 대해 알려주세요.

⊞ 음향효과감독이라는 직업의 장점에 대해 알려주세요.

㉯ 음향효과감독이 하는 일은 한 마디로 소리를 다루는 일이에요. 소리를 매체나 장르에 활용할 뿐만 아니라 다양한 분야에 사용하는 일을 해요. 소리를 실제 우리의 삶 전반에 이롭게 작용하도록 만들어주는 소리 컨설턴트이자 사운드 디자이너인 거죠.

소리는 사물이 외부의 충격요소에 의해서 마찰되면서 발생되는 진동이 공기 중에 파동을 일으켜 우리의 귀로 전달돼요. 공기 중에 파동은 보이지는 않지만 귀를 통해서 뇌 속으로 전달되면 상상을 통해서 그 실체를 드러내요.

그러한 원리에 의해서 발생하는 다양한 소리가 서로 어울려서 주제가 있는 소리를 만들어 내죠. 악기를 통한 음악의 원리도 이와 같아요. 개성 있는 하나하나의 악기들이 내는 소리가 어울려 자장가가 되고 행진곡이 되고 교향곡이 되듯이 주제가 있는 선율이 만들어지는 거죠.

고향의 소리도 마찬가지예요. 먼 산에서 새들이 지저귀고

산등성이 논밭에는 누렁 황소가 울며 김을 매고 앞마당엔 강아지가 병아리를 쫓으며 짖는 소리가 한데 어우러지죠. 때론 거위와 닭이 추임새를 넣고 돼지 키우는 집은 돼지 소리가 정겨울 거예요.

이러한 소리들이 하모니를 이루며 우리의 귀를 통해 뇌로 전달되면 어릴 적 살던 내 고향 시골집이 떠오르게 되는 거죠. 즉 주제가 있는 상상을 할 수 있게 된다는 뜻이에요. 음향효과 감독들은 소리를 사용해서 이러한 주제를 만들어내요. 이것이 사운드 디자인이죠.

작가의 대본을 토대로 음향효과를 만들기도 하지만 작가가 간과한 소리, PD가 간과한 소리를 놓치지 않아요. 소리를 효과적으로 사용해 그 소리가 청취자나 시청자, 관객이나 청중의 상상을 도와주고, 심금을 울리고, 감동을 준다면 그것으로서 충분히 보람과 자부심을 느낄 수 있는 거죠.

이처럼 소리를 가지고 무에서 유를 창조하는 창의적인 일이 바로 음향효과감독의 장점이에요. 사실적인 소리뿐만 아니라 가상의 소리도 창조해서 사람들이 상상을 하거나 기분을 전환할 수 있게 정신과 육체에 모두 영향을 주며 감성을 어루만져 주죠. 즉 소리를 이용해 사람들의 치유를 돕는 일이기에 보람을 느끼기도 해요.

## 음향효과감독이라는 직업의
## 단점에 대해 알려주세요.

편 음향효과감독이라는 직업의 단점에 대해 알려주세요.

안 한마디로 말해서 음향효과감독이 제대로 대접을 못 받고 있다는 게 단점이죠. 앞에서도 얘기했듯이 우리나라는 아직 보이는 것에만 열광하는 수준에서 벗어나지 못하고 있어요. 보이지 않는 것에 더 큰 의미가 있다는 것을 모르죠.

콘서트 포스터를 보고는 춤을 추지 않아요. 하지만 세 살 짜리 아이도 신나는 콘서트 음악이 나오면 춤을 추죠. 소리는 눈을 감아도 느낄 수 있지만 영상은 눈을 감으면 암흑일 뿐, 주변이 적막강산이 되는 거죠. 하지만 TV 드라마에는 열광하고 라디오 드라마는 있는지 없는지도 몰라요.

TV 드라마는 잠시 눈을 떼면 무슨 내용인지 모르지만 라디오 드라마는 다른 일을 하면서 들어도 내용을 알 수 있어요. 무엇보다 음향은 상상하게 해주는 뇌의 영역을 활성화해 두뇌를 발달시키고, 창의성을 향상시키고, 치매를 예방해주죠. 그런대도 사람들은 보이는 것에 중독되어 소리의 중요성을 망각해요. 영상은 애를 써서 만들어낸 창작물이라고 생각히는데 음향은 그렇게 생각하지 않아요. 당연히 소리가 나는 줄 알죠.

그래도 요즘은 음향의 중요성을 서서히 인식하는 추세예요. 음향인들에게도 책임은 있어요. 노력이 너무 부족했죠. 지금이라도 늦지 않았으니 음향의 창의성과 고품격화를 위해서 노력하고 홍보해야 해요. 나아가 음향의 영역을 넓혀서 실용화와 문화콘텐츠화에 주력해 나가야 해요.

**편** 청력이 떨어지면 일하기 힘든가요?

**안** TV도 마찬가지지만 라디오에서도 홈드라마라는 장르는 7세부터 80세까지를 겨냥해서 만들어지는데 라디오 드라마는 소리로만 만들어지므로 청취자 모두가 잘 듣게끔 만드는 게 중요해요. 아이들뿐만 아니라 80세 노인들까지 잘 들을 수 있게 해야겠죠.

그렇기 때문에 정상적인 청력을 가지고 있어야 해요. 특별히 뛰어날 필요는 없지만 자신의 청력을 정상 수준으로 잘 관리하는 것도 쉬운 일은 아닐 거예요. 청력이 상실되지 않고, 모든 연령층의 가청주파수 대역 소리를 확인할 수 있는 사람이라면 더욱 좋겠죠? 청력이 손상될수록 그만큼 위축될 거고 자신감도 떨어질 테니까요.

**편** 청력검사는 자주 하세요?

**안** 정기 건강검진 때 기본적으로 청력검사도 같이 받잖아요. 그 정도로만 하지 따로 전문적인 검사는 받지 않아요. 그 대신 청력 건강을 위해서 이어폰이나 헤드폰 사용을 자재하고 적정 레벨의 볼륨으로 사운드를 청취하려고 노력하고 있어요.

그리고 여러 가지 매체를 통해 만들어진 다양한 프로그램에 관심을 가지고 항상 모니터링 하는 습관을 길러오고 있어요. 다양한 프로그램의 모니터링은 제 청각 기능의 상태변화를 체크할 수 있고 그 변화를 토대로 청각 기능을 관리할 수 있기 때문이죠. 음향효과감독인 저에게는 청력이 가장 중요하잖아요.

폴리효과 필드 영역

## 이 직업의 전망은 어떤가요?

편 이 직업의 전망은 어떤가요?

안 방송이나 영화 같은 매체의 틀 안에만 갇혀 있으면 할 수 있는 일이 한정적이에요. 소리를 실생활에 활용하고, 다양한 콘텐츠와 접목시킨다면 음향효과감독이 할 수 있는 분야는 무궁무진하다고 봐요.

현재도 농수축산업은 물론 마케팅 분야, 스포츠, 방범, 가상현실, 건강 분야에 이르기까지 다양한 분야에서 음향을 효

과적으로 활용하고 있어요. 가까운 미래에는 음향효과의 중요
성이 더욱 부각되어 사회 곳곳의 각 분야에 사운드 디자인을
접목시킬 것이고, 음향효과전문가들은 지금보다 훨씬 다양한
분야에서 활동하게 될 거예요.

모든 회사마다 총무부, 영업부가 있는 것처럼 방송국이
아니더라도 음향효과부가 생기는 날이 오도록 만들 거예요.
그런 환경을 만드는 일이 앞으로 제가 해야 할 일이고요. 대학
에 음향효과전공이 개설돼서 전문적이고 체계적으로 교육받은
음향효과전문가가 생겨나고 그들이 진출할 진로가 사회 곳곳
에 넘쳐나게 될 거라고 생각해요.

음향효과감독의
세계

# 음향효과감독으로 살면서
## 가장 중요하게 생각하는 것은 무엇인가요?

편, 음향효과감독으로 살면서 가장 중요하게 생각하는 것은 무엇인가요?

안, 제가 음향효과감독으로서 가장 중요하게 생각하는 것은 소리를 인류에게 보다 더 유익하게 활용하는 방법을 연구하는 일이에요. 그러려면 소리를 잘 활용할 수 있는 능력을 함양해야겠죠.

음향효과감독은 한 분야의 깊은 지식보다는 다양한 분야의 일반적인 상식들을 알고 있어야 해요. 통신 수단만 해도 시대에 따라 유선전화, 무선전화, 삐삐, 휴대폰 등으로 계속 변하고 있기 때문에, 그런 상식을 알고 있어야 상황에 맞는 소리를 프로그램에 적용할 수 있겠죠.

또한 계절과 지방마다 다른 새들의 울음 소리, 전차나 증기기관차부터 KTX에 이르기까지 시대에 따른 교통수단의 변화를 아는 것도 중요해요. 그밖에도 지리에 따른 자연현상과 역사적 사실에 대해서도 제대로 알고 있어야 해요. 그래서 독서가 무엇보다 중요해요.

한마디로 말해서 평범한 지식을 소중하게 생각하라는 것이 저의 지론이에요. 백과사전이나 신문, 잡지 등을 꾸준히 읽고 필요할 때 바로바로 찾아보죠. 자동차 소리, 오토바이 소리는 차종이나 엔진에 따라 소리가 다르잖아요. 이런 분야는 좀 더 전문적인 지식도 필요해서 차 마니아를 위한 잡지나 책도 봐요.

또 영화나 애니메이션도 많이 보고요. 어떻게 소리를 내고 어떤 방식으로 쓰이는지 분석을 하고 활용하면 더 좋은 소리를 만들어 낼 수 있으니까요.

저는 숭실대학교 소리공학연구소에서 박사과정을 수행하는 동안 소리의 자원화와 실용화의 가능성에 대해 더 큰 희망을 갖게 되었어요. 소리는 생산현장, 산업현장, 의료 및 보안 시스템에까지 활용되고 있죠. 특히 인공지능AI: Artificial Intelligence 과 가상현실VR: Virtual Reality, 증강현실AR: Augmented Reality, 혼합현실 MR: Mixed Reality, IOTInternet Of Technology 등의 디지털 환경은 물론 인간의 감성과 건강과 관련한 소리의 연구가 활발하게 진행되고 있어요. 앞으로도 저는 인류를 위한 소리 연구를 게을리하지 않을 거예요.

## 음향효과감독만의 독특한 삶의 방식이 있나요?

**편** 일반인들과는 어떤 차이가 있을까요?

**안** 일반인들은 작품을 전체적으로 보지만 우리는 어떤 작품을 보더라도 소리에 더 관심을 가지고 보게 되죠. 보통 일반인보다 청각이 더 좋다고 생각할 수도 있는데 꼭 그렇진 않아요. 단지 관심이 조금 더 많은 거죠. 칵테일파티 효과와 유사하다고 볼 수 있어요. 칵테일파티 효과는 칵테일파티에서 여러 사

람들이 모여 한꺼번에 이야기하고 있음에도 자신이 관심을 갖는 이야기를 골라 들을 수 있는 것을 말해요. 시끄러운 장소에서 한 화자에게만 집중하고 주변의 다른 대화를 선택적으로 걸러내는 능력이 있다는 건데, 저희도 소리에 더 집중하고 예민하게 듣다 보니 일반인이 듣지 못하는 소리까지 들을 수 있는 것 같아요.

편 이 분야에 종사하는 사람들만의 특성이 있나요?

안 자신이 심혈을 기울여 만들었거나 힘들게 채음한 특별한 소리, 중요한 소리는 공유하지 않고 따로 보관하는 특이한 습성이 있기도 해요. 그렇게 자신만의 소리 세계를 구축해 놓기 때문에 나만의 소리 보물이 아카이브로 보관되어 있어요. 비장의 카드는 따로 가지고 있다는 거죠. 그만큼 자존심도 좀 강한 것 같고 약간은 이기적인 면도 있어요. 그게 바로 장인이나 꾼, 아티스트가 가지는 끼나 열정, 프로 정신이기도 하겠죠. 그래야 선의의 경쟁이 될 테니까요.

# 시간이 날 때는 어떤 일을 하나요?

**편** 시간이 날 때는 어떤 일을 하나요?

**안** 영화나 공연을 보거나 등산이나 조깅을 해요. 영화는 장르를 가리지 않고 보는데 직업이 이렇다 보니 음향효과에 신경 써서 보죠. 음향효과가 잘 됐다는 작품은 거의 빼놓지 않고 보고 음향효과가 중요한 영역인 애니메이션도 자주 봐요. 연극과 뮤지컬도 음향과 관련된 작품 위주로 보는데 영화보다는 볼 기회가 적네요.

서울의 재래시장

저는 관악산에 자주 올라가요. 저희 집에서 가깝고, 등반하기에 높이도 적당하고, 아름답고, 재미있는 산이죠. 또 시간이 날 때마다 한강변을 뛰어요. 저희 집이 당산역 주변이라서 당산철교 밑에서부터 성산대교 밑까지 뛰어갔다 오면 왕복 5km 정도 돼요. 주로 돈 안 드는 운동이죠. 돈을 아끼려고 그런 건 아니고, 실내운동이나 구색을 갖춰야 하는 운동을 싫어하거든요. 조깅 덕분에 몸무게가 10kg이나 빠졌죠. 한동안 테니스와 배드민턴을 좋아했었는데 팔꿈치를 다쳐서 그만뒀고요.

그리고 시간에 여유가 좀 더 생기면 집안에만 있지 않고 일부러 여러 곳을 다니며 다양한 경험을 하려고 노력해요. 그 이유는 말씀 안 드려도 아시겠지만 제가 가는 장소와 경험하는 것들이 혹시 작품에 나올지도 모르기 때문에 그곳에 존재하는 소리들을 꼼꼼하게 관찰하기 위해서죠.

틈날 때면 남대문시장, 황학동시장, 광장시장, 동대문시장 등 서울 곳곳의 시장에 자주가고 인사동, 용산전자상가, 청계천, 명동, 남산도 가끔 나가요. 직업병인지 웬만하면 휴대용 디지털 녹음기를 휴대하고 다녀요. 그리고 항상 가방도 메고 다니는데 새로운 소리를 채음하고, 소리내기 좋은 두구를 수집하기 위해서죠. 소리쟁이의 못 말리는 직업병이에요.

그래서 저의 작업 공간은 마치 방송국이나 영화제작실의 소품실을 방불케 할 정도로 흥미로운 공간이라는 얘기를 많이 들어요. 소리를 발생시킬 수 있는 도구라면 무엇이든지 활용 가능성을 열어두고 수집하고 연구하기 때문이죠. 그 노력이 가상해서인지 우연인지 몰라도 수집한 도구를 연구해 새로운 소리를 만들게 되면 신기하게도 조만간 사용하게 되곤 해요.

폴리효과 소도구 그릇 종류, 국악기 종류

## 섬세한 작업을 하다보면
## 아무래도 성격이 예민해질 것 같아요.

**편** 섬세한 작업을 하다보면 아무래도 성격이 예민해질 것 같아요.

**안** 작품에 몰두하고 작은 소리에도 계속 신경을 쓰다 보니까 좀 예민해지긴 해요. 청력도 예민해지고요. 오늘 새벽에도 막내가 잠꼬대하는 소리를 저만 들었더라고요. 알람 소리에도 제가 제일 잘 깨니까 아침에 식구들 깨우는 게 제 담당이 되고 말았어요. 또 층간 소음 때문에도 굉장히 고생했어요. 식구들 중 유독 저에게만 잘 들리니까 더 힘들었죠.

**편** 좋아하는 소리와 싫어하는 소리가 있나요?

**안** 저는 산이나 숲속에서 나는 자연의 소리를 좋아해요. 그래서 될 수 있으면 자연 휴양림에 많이 가려고 해요. 숲속에서 나는 새소리, 잔잔한 물소리, 잎이 바스락거리는 소리를 들으면 마음에 평정이 오죠. 반면 공사장 소음이나 집회 소음처럼 시끄러운 소리는 싫어하죠. 귀를 보호해야 하니 그런 소리는 가급적 피하려고 노력하고요.

처마 끝 풍경

바람이 부는 대로 흔들리면서 소리가 난다

# 기발한 아이디어를 이용해
# 소리를 만든 적이 있나요?

[편] 기발한 아이디어를 이용해 소리를 만든 적이 있나요?

[안] 요즘은 휴대용 디지털 녹음기의 성능이 좋아 여기저기 가지고 다니면서 모든 소리를 녹음해서 사용할 수 있죠. 하지만 방송 초창기 때는 휴대용 녹음기가 없어서 채음 활동을 할 수 없었어요. 그래서 스튜디오 안에서 도구를 이용해 실제음을 흉내 내서 방송에 사용했죠. 그러한 소리를 의음이라고 해요. 하지만 요즘 방송은 의음이 녹음된 실제음으로 많이 대체 되었어요.

그러나 눈 밟는 소리나 말 달리는 소리, 풀숲 소리 등 몇 가지 의음은 필요에 의해서 지금도 사용하고 있어요. 그런 의음을 발굴하고, 더 효과적으로 사용하기 위해 개선도 하는데 그중에 제가 만들어낸 기발한 소리가 너무 많아서 다 열거할 수는 없어요. 몇 가지 소개하자면 손톱 깎는 소리, 큰 새 날아가는 소리, 피로회복제 병뚜껑 따는 소리, 폭설 위를 걷는 소리, 재봉틀 소리, 호랑이 울음소리, 나비 날갯짓 소리, 촛불 흔들리는 소리 등이 있죠. 또 세상에 없는 소리와 정상저인 건

폴리효과

비틀어 비정상적으로 만든 소리까지 무수한 소리들이 있어요. 지금도 전시체험용이나 교육용으로 재미있는 소리를 연구하고 있어요.

두 가지만 소개해 드릴게요. 손톱 깎는 소리는 실제로 손톱을 깎아 낼 수 있는 소리지만 직접 하면 다칠 염려도 있고 손톱의 수도 제한적이라 효과적이지 못해요. 그래서 다른 도구를 이용해서 소리를 만들어내야 하죠. 처음에 얇은 플라스틱을 손톱깎이로 잘라가며 소리를 만들어 보았지만 실감이 나질 않았고 손톱깎이가 쉽게 고장났어요. 그러던 중 출입증에 달린 작은 집게가 매우 비슷한 소리를 낸다는 걸 알았어요. 엄지손가락과 집게손가락을 이용하여 잘 튕겨주면 손톱 깎는 소리를 아주 효과적으로 만들어 낼 수 있게 됐죠.

드라마나 영화에는 피로회복제나 소주, 맥주의 병뚜껑을 따는 소리가 자주 나와요. 매번 사다가 병마개를 딴다면 사용한 음료를 마셔야 하거나 아깝게 그냥 버리는 경우가 생기겠죠. 어느 날 캡슐로 된 알약을 먹다가 캡슐 알약을 꺼낼 때 발생하는 소리의 음색이 피로회복제의 병뚜껑을 돌려 딸 때의 소리와 비슷한 걸 발견했어요. 그 소리를 병뚜껑 따는 소리의 동작에 맞게 잘 다듬어서 응용하게 되었죠.

# 소리를 잘 못 내 실수했던 적이 있나요?

**편** 소리를 잘 못 내 실수했던 적이 있나요?

**안** 처음 일을 시작했을 때 프로야구와 아마추어야구에 사용되는 배트가 다르다는 걸 몰랐어요. 그래서 아마추어야구 장면에 나무 배트를 사용해 혼난 적이 있었죠. 아마추어야구는 알루미늄 배트를 쓰고 나무 배트는 프로야구에서 쓰는 거였거든요.

젊을 땐 야구를 별로 좋아하지 않았어요. 당시에 고교야구를 없애고 프로야구를 만들면서 고액연봉자와 알려지지 않은 선수와의 연봉차가 너무 커졌고 고액연봉자는 서민들이 보기에 일하는 것에 비해 너무 많은 돈을 받는 것 같아서 싫었어요. 그때만 해도 정의감에 불타던 패기 있던 때라서 위화감이 조성되는 것은 용서가 안 되었죠. 물론 고액연봉자가 되기 위해서 그들도 피나는 노력을 했겠지만요.

요즘은 그래도 그동안 다양한 경험을 하고 연륜이 쌓여서 오히려 제가 PD들이나 작가들한테 잘못된 점을 알려주죠.

# 일에서 보람을 느낄 때는 언제인가요?

**편** 일에서 보람을 느낄 때는 언제인가요?

**안** 청각 기관은 인간이 모태에 잉태되고 가장 먼저 열리는 감각 기관이자 호흡이 멈추고도 얼마간 기능이 남아있는 기관이기도 해요. 그런 만큼 인간은 소리로 시작해서 소리로 생을 마감한다고 해도 과언은 아니겠죠.

청각이 인간에게 미치는 영향을 볼 때 제가 하는 일인 소리를 다루는 음향효과 분야는 인류에게 가장 중요한 일 중 하나라고 자부하고 있어요. 방송이나 영화 또는 그 밖의 많은 프로그램을 통해 사람들에게 일생동안 청각을 재미있고 흥미롭게 만족시켜 줄 수 있다는 게 항상 기쁘고 보람되죠.

특히 시각장애인 여러분들께 좋은 소리를 많이 들려드렸던 경험은 보람된 일이었어요. KBS의 장애인을 위한 방송인 〈우리는 한 가족〉이라는 프로그램에서 '효과맨 안익수의 소리여행'을 진행했던 일, 크리스마스 즈음에 방문했던 장애인 시설에서의 공연, 장애인의 날 특집방송에서 장애아들과 소리를 이용해 동화를 만들었던 일은 정말 큰 보람이었고, 그 일로 인해서 과분하게도 교육과학기술부의 감사장을 받는 영광도 ↳

릴 수 있었어요. 소리를 통해서 사람들에게 기쁨을 주고 감동을 줄 수 있는 직업이라는 게 보람이자 기쁨이죠.

요즘은 농산어촌의 초, 중, 고등학교 학생들과 인터넷을 통해 원격으로 만나 음향효과의 세계에 대해 알려주는 〈원격 진로 멘토링〉의 멘토 활동을 하고 있어요. 한 달에 한 번 정도 수업을 하는데 오전 4교시, 오후 2교시 수업을 해요. 오전 8시 30분부터 오후 2시 30분까지 6시간 수업을 하는 거죠.

수업을 마치고 돌아갈 때는 목이 쉬어 있고, 피곤이 몰려오지만 수업시간 만큼은 정말 즐거워요. 컴퓨터 모니터 4분할 화면에 우리나라 방방곡곡의 초, 중, 고등학교 교실에 모여 앉은 천진난만한 학생들의 함성이 들리죠. 아침 일찍 인데도, 점심을 막 먹은 후인데도 눈빛은 초롱초롱하고 질문도 많아요. 이러한 학생들의 모습을 보면서 우리나라 미래의 밝은 모습과 희망을 보게 되죠. 그 밖에도 광명시에서 운영하는 SO멘토링과 지역 문화센터에서 운영하는 교육프로그램에도 참여하며 보람을 느끼고 있어요.

# 음향효과를 다루는 일은
# 기술에 가깝나요? 예술에 가깝나요?

[편] 음향효과를 다루는 일은 기술에 가깝나요? 예술에 가깝나요?

[안] 기술은 말 그대로 음향엔지니어가 음향장비를 다루는 음향기술을 말하는 거고, 음향효과는 창의성을 가지고 새로운 소리를 만들어내는 창조적인 일이므로 예술적 작업에 더 가깝다고 볼 수 있죠. 다양한 도구를 활용하며 작품에 맞는 소리를 만드는 일, 녹음기를 들고 여기저기 채음을 다니는 일, 프로그램에 응용하는 음악을 다루는 일은 모두 예술적 감각을 동원해야 해요.

도구를 이용해 소리를 창조하는 폴리아티스트는 이미 예술가라고 직업 사전에 올라와 있어요. 연기력이 필요한 분야라 창조적인 능력을 높이 평가해서 아티스트라는 칭호를 붙여주는 거죠. 포토그래퍼는 사진 찍을 곳을 찾아 여기저기 다니고, 그 사진을 컴퓨터그래픽으로 다듬거나 전시하는 등의 예술 활동을 하잖아요. 자료효과 담당자가 사진기 대신 녹음기를 가지고 소리를 찾아 전국을 돌며 채음한 소리를 활용하는 것도 예술적 행위라고 볼 수 있어요. 음악효과도 마찬가지로 반복적으로 같은 음악만 쓰면 식상하니까 상황에 따른 음악을 계속 개발해내는 창조적인 작업이 필요해요. 그런 점에서 당연히 음향효과는 예술에 가까운 일이죠.

그리고 대본을 정밀하게 숙지해야 하는 사람은 배우들뿐만 아니라 저희들도 마찬가지죠. 오히려 음향효과감독이 더 섬세한 분석을 한다고도 볼 수 있어요. 드라마 전반의 흐름을 파악해야 함은 물론 각 연기자의 캐릭터와 동선 및 마이크 위치까지 생각하면서 극본을 집중적으로 분석해야 하기 때문이죠. 배우의 감정이나 배경에 맞게 소리도 그때그때 달라져야 해요. 문을 여닫는 간단한 소리도 상황에 따라 느낌이 달라야 하거든요. 이처럼 소리로 연기를 하기 때문에 예술에 가까운 일이라고 생각해요.

## 이 직업을 잘 표현한
## 소설이나 영화, 드라마를 보신 적 있나요?

편 이 직업을 잘 표현한 소설이나 영화, 드라마를 보신 적 있나요?

안 제가 본 영화 중에 〈웰컴 미스터 맥도날드〉라는 일본영화가 있어요. 라디오 드라마를 소재로 한 영환데 등장인물 중에 폴리효과를 담당하다가 정년퇴직하고 방송국 수위 아저씨가 된 인물이 있어요. 라디오 드라마를 생방송으로 하던 중에 효과맨이 사라져서 수위 아저씨가 대신 예전 경력을 되살려 효과음을 만들어 내죠. 음향효과의 직업 중 특히 폴리효과를 리얼하게 잘 표현하는 수위 아저씨의 모습을 흥미롭게 봤던 기억이 나네요.

그리고 많이들 알고 있는 한국영화 〈봄날은 간다〉가 있죠. 사운드 엔지니어인 주인공 상우가 자연의 소리를 채집해 틀어주는 라디오 방송을 위해 녹음 여행을 떠나요. 보리밭에서 채음하는 장면이 유명하죠. 주인공이 라디오 방송국의 PD와 사운드 엔지니어이기 때문에 제가 하는 일이 배경으로 나와서 재미있게 봤어요.

그리고 최근에 나온 작품 중 〈또! 오해영〉이라는 드라마에서는 주인공 박도경의 직업이 음향감독이었죠. 사운드 녹음실이 배경으로 자주 등장했어요. 채음하는 장면도 나오고요. 이 드라마 덕분에 음향효과감독에 대한 관심이 많아져서 언론의 인터뷰 요청이 오기도 했어요. 이 시기에 『음향효과』라는 책을 내기도 해서 음향효과에 대한 홍보를 하기도 했죠. 몇 년 전에는 『폴리아티스트, 소리를 부탁해』라는 책을 출간했었는데 그때도 겸사겸사 라디오 프로그램과 TV 프로그램에도 출연을 많이 했어요.

편 음향효과가 정말 잘 된 작품에는 뭐가 있을까요?

안 좀 오래되긴 했는데 록키 산악 공원의 구조대원이 주인공인 〈클리프행어〉라는 영화가 있어요. 폴리아티스트가 산에서 발생하는 소리를 생생하게 잘 표현했죠. 〈스타워즈〉는 사이버틱한 특수효과음을, 〈아바타〉는 환상적인 효과음을 잘 사용했고요. 〈쥬라기 공원〉에서는 호랑이와 코끼리의 울음소리를 합성해 공룡 울음소리를 만들어냈는데 굉장히 실감나죠.

〈태극기 휘날리며〉에서는 총소리가 굉장히 잘 표현되어 있어요. 〈라이언 일병 구하기〉 버금가게요. 〈라이언 일병 구하기〉는 음향효과 면에서 높게 평가받고 있는 작품이에요. 초반에 등장하는 오마하 해변 전투 장면은 영화 역사상 가장 리얼한 전투 장면의 재현으로 손꼽히는데 촬영과 음향이 큰 역할을 했죠. 등장인물들이 물 바깥에 있을 때와 물 안에 잠겨 있을 때 느끼는 소리의 차이를 철저하게 구별해냈고, 폭음 때문에 청각이 들리지 않는 인물의 상태를 사운드를 없애 묘사하기도 했어요.

또 근래에 나온 영화 중 우주 공간을 그린 두 가지 영화가 있죠. 〈그래비티〉와 〈인터스텔라〉인데요. 두 영화 모두 우주 공간의 사실감을 잘 표현한 영화예요. 마치 관객이 주인공과 함께 우주공간에 있는듯한 기분을 주는데, 음향효과도 한몫을 했다고 생각해요. 우주공간에는 원래 소리를 전달하는 공기라는 매질이 없는 진공상태이므로 소리가 나질 않지만 〈그래비티〉는 음향을 상징적으로 적절히 사용하여 과장되지 않은 사실감을 주었고, 〈인터스텔라〉는 우주 공간에 소리를 전혀 사용하지 않음으로써 사실감을 효과적으로 표현했어요. 이 영화를 통해 무음표현도 훌륭한 음향효과가 될 수 있다는 것을 재확인 했죠.

# 음향효과감독으로서의 고민이 있나요?

[편] 음향효과감독으로서의 고민이 있나요?

[안] 열린 미래를 주도하고 선도해야 할 방송국에서는 아직도 구태의연하게 학벌 위주로 인재를 채용해요. 공부를 잘하는 사람은 학계나 연구직에서 충분히 그 능력을 발휘할 수 있는 데 말이죠. 방송국이 공부는 좀 못했더라도 어릴 적부터 또는 학창시절에 카메라 하나로 촬영도 하고, 연출도 하며 자신만의 작품을 만들었던 사람, 소리가 좋아서 여기저기 녹음하러 다녔던 열정정인 사람들을 채용해서 좀 더 창의적으로 일하는 직원들이 많아져야 하겠고, 이들이 마음껏 일할 수 있도록 정규직으로 신분을 보장해 줘야 해요.

방송국은 학교나 연구소가 아니거든요. 머리가 좋아서 공부를 잘했던 사람보다는 창의적인 아이디어가 번뜩이는 사람들이 일해야 해요. 물론 공부도 잘하고 창의적이기도 한 사람도 많겠지만 성적과 학벌을 우선으로 뽑는 방송국 채용 원칙은 없어져야 해요. 좋은 대학을 나온 개그맨들이 사람을 잘 웃기는 건 아니잖아요. 공부는 좀 못해도 개개인의 끼와 개성, 열정을 맘껏 펼칠 수 있는 사회가 빨리 되기를 기대해요.

그리고 우리 후배들이 아직 연봉계약직이에요. 제가 입사해서 일할 때 보다 여건이 많이 나아지기는 했지만, 새로 입사하는 후배들부터라도 방송국의 정규직이 돼서 안정되게 일했으면 해요. 같은 일을 하고, 때로는 더 비중 있는 일을 하기도 하고, 능력도 있는데 정규직이 아니라서 여러 가지 혜택을 받지 못하는 점이 안타까워요. 그리고 아무래도 PD와 의견 대립이 있을 때 강력하게 자기주장을 하기 어려운 점도 있죠. 나날이 비중이 커지는 음향 분야에 걸맞게 처우도 개선이 되어야 한다고 생각해요.

저는 음향효과 분야가 전속직일 때 정규직으로 신분을 바꿔보겠다고 노력하다 나와서 20여 년을 프리랜서로 활동하고 있지만, 매년 봄·가을 개편 때면 프로그램이 없어질까 봐 걱정되고, PD가 바뀔 때면 일거리를 잃을까 봐 염려돼요. 실제로 PD가 바뀌고 프로그램에서 하차한 적이 있었어요. 그리고 조직에 속해 있지 않다 보니 몸이 아프거나 바쁜 일이 있을 때 휴가도 낼 수 없어서 힘든 적도 많았어요.

하지만 우리 후배들은 점점 업무 환경이 나아지고 있고, 처우도 개선되고 있으니 앞으로 음향효과 분야를 지원하게 될 후배들에겐 희망을 가지라고 얘기해주고 싶어요.

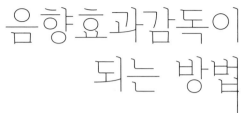

# 음향효과감독이
# 되는 방법

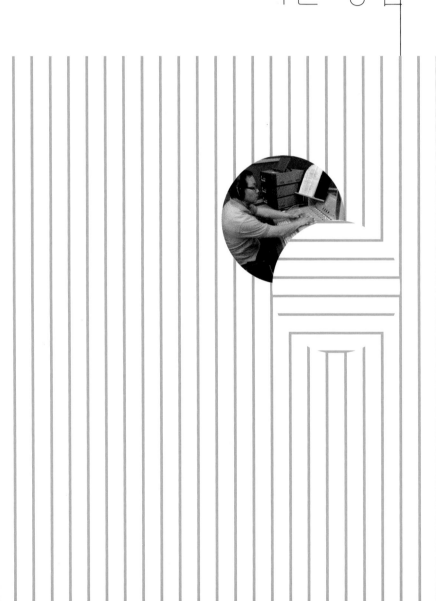

# 음향효과감독이 되는 방법을 알려주세요.

**편** 음향효과감독이 되는 방법을 알려주세요.

**안** 공중파 방송 3사는 매년 채용을 하는 게 아니라서 문이 좁아요. 결원 시 수요가 생기면 인터넷이나 방송으로 채용공고를 하죠. 음향효과 분야는 합창단, 교향악단, 무용단처럼 전속단체로 모집하고 있으며 정규직이 아니라 연봉계약직으로 채용하고 있어요.

시험은 실기시험과 필기시험으로 나뉘어 있는데, 필기시험에는 작품분석이나 작품응용능력에 대한 문제가 나오고, 실기시험에는 대본을 분석하고 적절한 음향효과를 활용하는 문제가 나와요. 방송국뿐 아니라 음향전문업체나 녹음실, 게임업체, 광고업체, 영화사에서도 음향 분야의 인재를 채용해요. 방송국이 아니더라도 도전해볼 만한 문들은 많죠.

그런데 안타깝게도 우리 분야는 아직 전문 교육체제를 갖추고 있지 않아요. 물론 음향 관련 학과가 많지만 모두 하드웨어 위주의 시스템 사운드 엔지니어 과정이죠. 소프트웨어적인 음향효과 소양 교육을 전문적으로 하는 곳은 거의 없어요.

음향디자인실에 사운드 편집 툴 시스템을 구축한 적이 있었어요. 당시 부장님은 외부 녹음실에서 해당 사운드 툴을 잘 다루는 경력자를 특별 채용했죠. 하지만 그건 실수였다고 요즘도 얘기하세요. 사운드 편집 툴을 다루는 스킬보다 사운드 편집 툴에 담겨지는 내용이 더 중요하다는 것을 깨달았기 때문이었어요. 사운드 편집 툴 사용 방법은 몇 주 정도의 교육이면 누구나 충분히 습득할 수 있으니까요.

그러나 작품을 분석하고 알맞은 사운드를 디자인할 수 있는 능력은 하루아침에 만들어지지 않아요. 다양한 상식과 경험을 쌓고 이를 토대로 프로그램의 특징을 올바르게 파악한 후 음향효과 작업을 해야 하죠. 그런데 시스템 툴을 다루는 것이 전부인 양 소리를 나열하듯이 배치하고 기계적으로 음향효과 작업을 하는 사람을 보면 안타까워요.

단순히 사운드 편집 툴을 잘 사용하는 사람보다는 작품분석력과 상식, 음향학적 소양, 매체와 장르의 특성에 대한 지식을 테스트하고 사원을 뽑은 후 외부 강사를 초빙해서 몇 주 동안 사운드 편집 프로그램 사용 방법에 대한 교육을 시켰더라면 더 좋았을 거라고 생각해요.

# 청소년기에는 어떤 준비를 하면 좋을까요?

**편** 청소년기에는 어떤 준비를 하면 좋을까요?

**안** 작품에 대한 분석력이나 제작기법, 사운드 연출력은 하루 아침에 배운다고 되는 게 아니에요. 청소년기에는 보다 많은 경험을 하는 게 중요하죠. 내가 신이 나서 몰입할 수 있는 일에 끼니도 걸러가며 몰두해 볼 필요도 있어요. 청소년기의 경험은 사회인이 되어서 소중한 밑거름이 될 테니까요. 무엇이든지 해보고 싶은 게 있으면 도전하세요. 그 도전은 돈 주고도 살 수 없는 귀중한 보물이 될 거예요.

**편** 어떤 공부가 도움이 될까요?

**안** 음향엔지니어는 전자공학과 전자기술 쪽 공부를 해야 돼요. 그렇지만 앞서 얘기했듯이 음향효과감독은 한 분야의 깊이 있는 공부보다는 광범위한 분야의 상식을 많이 알아야 하기 때문에 특별한 전공 공부가 필요하지는 않아요. 인문학이나 예술 분야, 전자공학, 정보통신 등 어떤 분야를 공부했든 상관이 없죠.

특정 전공은 필요 없지만 채용 시 관련 지식이 있으면 유리하겠죠. 이를테면 하드웨어 쪽으로는 음향제작 편집 프로그램이나 디지털 음향기기를 공부하면 좋겠고, 소프트웨어 쪽으로는 방송이나 영화, 연극, 뮤지컬, 퍼포먼스, 광고를 사운드와 연관지어 연구해보면 좋겠어요.

그리고 창의성, 예술성, 분석력, 응용력, 순발력 등이 필요한 직업이기 때문에 폭넓은 경험을 하는 게 좋아요. 책을 많이 읽고, 영화나 공연도 자주 보고, 여행도 많이 다니며 다양한 경험을 쌓으면 주어진 상황마다 자신의 역량을 효과적으로 발휘할 수 있겠죠.

**편** 필요한 자격증이 있나요?

**안** 자격증이 필수는 아니지만 갖추면 취업에 유리하겠죠. 음향효과 분야에는 한국음향학회에서 실시하는 음향전문가 자격증이 있고 음향엔지니어 분야에는 음향기사, 음향기능사 자격증이 있어요. 그 밖에 관련 자격증으로는 전자기사, 유선설비기사, 무선설비기사, 소음진동기사, 무대음향기사 등이 있어요.

# 필요한 역량과 자질은 무엇인가요?

[편] 필요한 역량과 자질은 무엇인가요?

[안] 기본적으로 올바른 인성이 갖춰져야 해요. 인성과 성실성이 실력에 우선해야 한다고 생각하거든요. 그 다음으로 작품을 분석하고 메커니즘을 이해하는 능력과 감각이 있어야죠. 소리에 대한 관심이 많아야 하고요. 그리고 사무직처럼 한자리에 앉아서 정적인 일을 하는 분야가 아니라 많이 움직이며 일하기 때문에 활동적인 사람이 좋겠어요. 업무에 속도감이 있고 책임감이 투철하면 방송제작을 원활하게 할 수 있고 완성도를 높일 수 있고요.

또 이 일은 혼자 하는 게 아니라 PD, 엔지니어, 연기자들과 의견을 교류하고 상호교감하며 작품을 완성해나가는 것이기 때문에 시간을 잘 지키고, 친화력이나 사교성이 있어야겠죠. 마지막으로 상황판단이 빠르고, 상상력이 풍부하고, 긍정적이고 적극적인 사고방식의 소유자이면 좋겠어요. 그리고 무엇이든 가능성을 열어두고 아이디어를 만들어낼 수 있는 창의적인 능력을 가진 사람이 보다 유리하겠죠.

## 소리에 대한 재능을 어떻게 키워갈 수 있을까요?

편. 소리에 대한 재능을 어떻게 키워갈 수 있을까요?

안. 어떠한 소리든 귀를 기울여봐요. 물건이나 도구가 있으면 만지작거리며 소리를 내어 보기도 하면서요. 또 주변 환경을 유심히 살피고 관찰하는 자세를 가져야 해요. 장소와 상황마다 어떠한 소리들이 어우러져 하모니를 이루는지 연구해보는 습관이 필요하죠.

이처럼 소리에 관심을 가져야 소리를 분석하고 활용할 수 있는 재능이 생길 수 있어요. 관심을 갖는 게 시작인 거죠. 악

기 하나 정도는 다룰 수 있도록 노력해 보세요. 음의 원리를 이해하는 좋은 기회가 될 거예요. 소리의 원리를 터득하는 것이 중요하거든요.

예를 들어 해변에서 파도 소리가 들려오면 파도 소리의 원리를 생각해봐요. 중력, 자전과 공전 때문에 바닷물이 밀려왔다 밀려가는데 그 마찰음이 파도 소리잖아요. 기압차가 생기면 공기가 이동하고 바람 소리가 나는 거고요. 그런 원리를 알고 주의 깊게 관찰하는 거예요. 그러면 그 소리의 원리를 알 수 있죠.

# 이 직업을 꿈꾸는 분들에게 조언을 해준다면요?

📧 이 직업을 꿈꾸는 분들에게 조언을 해준다면요?

📧 책을 많이 읽어서 풍부한 지식과 상식, 상상력을 키우고, 방송이나 영화를 많이 보며 기존의 사운드가 어떤 효과를 주고 있는가를 분석해보는 게 중요해요. 다양한 지식의 습득과 기존에 만들어진 작품에 대한 모니터링을 통한 학습이라고 볼 수 있죠. 이러한 과정은 어떠한 상황이 닥쳐도 대처할 수 있는 능력과 검증된 기교를 응용할 수 있도록 해줘요.

방송이나 영화 중에서도 애니메이션을 보면 스토리를 동적인 영상으로 구성하는데 있어서 소리가 얼마나 큰 영향력을 끼치게 되는지 알 수 있어요. 실사에서 사운드가 빠지는 일도 상상하기 어려운데, 그림이라는 허구에 사운드마저 없다면 김빠진 사이다보다 더 무의미하지 않을까요.

나아가 미술작품이나 연극, 뮤지컬, 퍼포먼스를 관람하면서 확장된 매체와 장르 속에서 사운드의 활용이 어떻게 이루어질 수 있는가를 분석하는 등의 창조적인 경험을 하는 게 중요해요. 또한 사물을 접할 때도 항상 소리와 연관지어 생각해 보고 그 물건이 어떠한 소리를 만들어낼 수 있고, 어떠한 분야에

여행을 통해 만나는 자연의 소리

응용될 수 있는가를 생각해보는 것도 큰 도움이 될 것 같아요.

그리고 여행을 많이 다니면 큰 도움이 돼요. 여행지에서 만나는 산, 들, 숲, 계곡, 바다 등에서는 어떤 소리들이 나는지 귀 기울여 들어보고, 새로운 소리를 채음할 수도 있으니까요. 여행을 통한 경험은 작품에 반영되어 완성도를 높여주죠. 더불어 의외의 소리 보물을 채음할 수 있는 기회도 잡을 수 있고요.

이처럼 소리를 사랑하고 관심을 갖는다면 소리를 다루는 직업을 가질 만한 충분한 자격을 갖추게 되지 않을까 생각해요.

# 음향효과감독이 되면

## 정규직과 계약직의 차이에 대해 알려주세요.

편 정규직과 계약직의 차이에 대해 알려주세요.

안 방송국의 경우 정규직으로 채용하는 분야는 PD, 엔지니어, 카메라맨, 기자, 아나운서, 행정업무담당자 정도예요. 하지만 그 중에서도 일부는 연봉계약직으로 채용하는 인원이 점차 많아지고 있어요.

현재 연봉계약직은 2년에 한 번 재계약하게 되고, 일정 기간 근무하게 되면 무기계약직이 돼요. 급여의 인상이 정규직보다 미흡하고, 승진은 기대할 수 없지만 해고될 염려는 없는 거죠. 지금은 처우가 개선돼서 보너스도 있고, 장비 지원도 많이 된다고는 하지만 계약직과 정규직 사이의 갭이 크고 신분상의 위화감이 조성되어 있어서 일의 사기를 떨어뜨리기도 해요.

현 음향디자인실은 전두환 정권 시절 KBS로 방송을 통폐합할 때 동아방송과 동양방송에 근무하던 사람들에게 정규직 발령을 주었고, 그 이후에는 전속직으로 채용해서 전속단체라는 조직으로 운영을 하게 되었어요. 그 당시 전속직은 현재의 연봉계약직과는 성격이 달라요. 직원이라는 개념보다는 출연자에 가까웠죠. 그래서 합창단, 무용단, 관현악단 등과 더불어 음향효과직도 음향효과단으로 활동을 했었던 거예요.

회사와 매년 재계약을 해야 했고, 보수도 정규직에 비해 터무니없이 적게 책정되어 있었죠. 방송에서 음향의 중요성은 영상과 거의 대등하고, 특히 요즘에는 더 중요한 분야인데 말이죠. 그래서 전속직들이 모여 회사에 이런 불합리한 점을 이야기하고 정규직이 될 수 있게 노력했지만 오히려 방송 통폐합 때 정규직이 된 선배 음향효과직원들의 반대로 무산되고 말았어요.

모두가 정규직이 되면 밤새워 하는 일도 자신들과 똑같이

*KBS 신관*

나눠서 해야 하기 때문이었어요. 당시 휴일에 하는 일과 밤새 우는 일은 보수가 적은 전속들이 모두 했어요. 왜냐하면 그렇게 해서라도 수당을 받아 생활비에 보태야 했기 때문이죠. 그렇게 처우가 열악했어요.

일반인들은 방송국에 다니는 사람은 모두 정규직이고 고액의 월급과 복지가 보장되어 있을 거라고 생각했기에 우리들의 자괴감은 더욱 컸어요. 그래서 그때 저를 비롯해서 여러 명이 프리랜서를 선언하게 되었죠. 그러한 역사를 알기에 지금의 연봉직 후배들은 프리랜서 선배들을 인정해주고 있어요.

그래도 지금의 음향효과 담당자들은 정규직은 못되었지만 무기연봉계약직으로써 당당히 활동하고 있어요. 근무환경을 보면, 책상마다 음향편집 작업을 위한 듀얼 모니터와 포스트 프로덕션 제작 장비가 다 갖춰져 있고 음향 작업 스튜디오나 편집실도 몇 개씩 갖춰져 있어요. 요즘에는 음향디자인실이라고 부서명을 개명하고 적극적으로 활동하고 있으니 앞으로 더욱 발전하리라 기대돼요.

# 프리랜서의 보수는 어느 정도인가요?

**편** 프리랜서의 보수는 어느 정도인가요?

**안** 아무래도 프리랜서는 본인의 역량에 따라 보수의 차이가 크죠. 여러 방송사의 일을 할 수 있고, 광고나 영화에서 음향효과 작업을 할 기회가 많거든요.

방송국에서 일할 경우 방송시간당 일정액의 보수를 받아요. 편집하고 제작하는데 몇 시간이 걸리든 방송시간으로 계산하죠. 차질이 생겨 불방되면 보수를 못 받기도 해요. 재방송이 되면 원칙적으로는 보수를 또 받아야 하는데 현실에선 받기가 좀 힘들어요.

음향디자인실 연봉계약직 후배들도 정규직에 비해 보수가 현실적이지 못해요. 그래도 무기연봉계약직으로 개선되면서 계속 나아지고 있죠. 협회가 없어서 사례 협상을 할 수 없는 관계로 음향효과 분야는 사례가 합리적으로 책정되어 있지 못해요. 음향효과협회가 있다면 처우 개선이 많이 될 텐데 프리랜서 인원이 별로 많지 않고, 연봉계약직과 프리랜서 등으로 분리되어 있어서 협회를 만들기가 어려운 상태라 그렇죠. 요즘은 다양한 협회들이 활동하고 있는데 아직 음향효과협회가 없다는 게 안타깝네요. 하지만 연봉계약직은 보수나 처우가 직원에 준하는 단계로 발전하고 있으며, 스스로의 전문성을 발휘할 수 있다는 점에서 미래가 밝아요.

# 음향효과감독의 일과는 어떤가요?

**편** 음향효과감독의 일과는 어떤가요?

**안** 가장 바쁜 수요일의 일과를 알려드릴게요. 수요일에는 9시가 조금 넘어 출근하는데 그 시간에는 연출자와 성우들이 리허설을 하고 있어요. 수요일은 오전에 한 개의 프로그램, 오후에 두 개의 프로그램, 총 세 개의 프로그램을 제작해요.

오전에 제작하는 프로그램은 〈바람 따라 구름 따라〉라는 5분 방송 분량의 시사성 일일시트콤으로 일주일 방송 분량인 7개 에피소드를 한꺼번에 제작해요. 연기자들과 PD는 대본을 토대로 대사와 내용을 맞춰보기 위해 9시 반쯤 연습에 들어갔다 10시 조금 넘어 오는데 저는 그동안 엔지니어 대본 녹음에 사용할 마이크 번호를 체크하고 사용할 폴리 도구를 세팅해 놓죠.

일반적으로 라디오 드라마 대본에서는 'E'라고 음향효과가 들어갈 부분을 표기해주기도 하지만 내레이션이나 대사 속에 숨어있는 효과음이 많아요. 그렇기 때문에 사전에 철저히 대본 분석을 해놓고 특별한 자료나 도구가 필요하면 준비해요. 연출자와 연기자가 연습을 마치면 스태프 회의를 해요. 스

스태프 회의

태프 회의에서는 연습 때 변경된 사항들을 스태프들에게 알려주고 스태프들은 연출자가 미처 생각하지 못한 게 있으면 제안하기도 해요. 회의가 끝나면 10시 반쯤 녹음을 시작하죠.

오전 프로그램 녹음이 끝나면 점심을 먹고, 오후 일정을 준비해요. 오후에는 〈라디오극장〉이라는 20분 방송 분량의 일일연속극과 〈라디오 문학관〉이라는 60분 방송 분량의 주간극을 제작해요.

먼저 라디오극장을 제작하게 되는데 20분짜리 3회를 제작하기 때문에 오전의 5분짜리 시트콤 드라마 7회분보다 시간이 많이 걸리죠. 라디오극장은 정통 라디오 드라마 장르라 리얼하고 섬세하게 표현해줘야 해서 제작 시간이 더 필요해요.

라디오극장 제작이 끝나면 4시가 넘고, 곧장 다른 스튜디오로 가서 라디오 문학관을 제작하게 돼요. 라디오극장이 제작되는 동안 라디오 문학관 담당 PD와 연기자들이 대본연습을 하고 라디오극장이 끝날 때쯤 맞춰서 모이기 때문에 저는 쉴 틈이 없어요.

그나마 스튜디오가 서로 다르게 배정되어 있기 때문에 점심시간에 미리 라디오 문학관이 제작될 스튜디오에 가서 엔지니어 대본에 효과음으로 사용할 마이크를 체크하고, 폴리 도구들을 준비해놓아요. 그러한 사전준비가 있기에 바로바로 스태프 회의를 하고 순조롭게 제작에 들어갈 수 있어요.

그렇게 모든 제작이 끝나고 나면 6시가 훌쩍 넘을 때가 많아요. 그 이후에는 다음날 녹음할 프로그램의 대본을 꼼꼼하게 체크하고, 필요한 것들을 준비해요. 매일 이렇게 바쁜 건 아니고 제작이 없는 날도 있어요. 그럴 땐 도구들을 점검해서 보수도 하고, 녹음기를 들고 나가 채음을 하기도 해요.

틱을 손톱깎이로 잘라가며 소리를 만들어 보았지만 실감이 나질 않았고 손톱깎이가 쉽게 고장났어요. 그러던 중 출입증에 달린 작은 집게가 매우 비슷한 소리를 낸다는 걸 알았어요. 엄지손가락과 집게손가락을 이용하여 잘 튕겨주면 손톱 깎는 소리를 아주 효과적으로 만들어 낼 수 있게 됐죠.

드라마나 영화에는 피로회복제나 소주, 맥주의 병뚜껑을 따는 소리가 자주 나와요. 매번 사다가 병마개를 딴다면 사용한 음료를 마셔야 하거나 아깝게 그냥 버리는 경우가 생기겠죠. 어느 날 캡슐로 된 알약을 먹다가 캡슐 알약을 꺼낼 때 발생하는 소리의 음색이 피로회복제의 병뚜껑을 돌려 딸 때의 소리와 비슷한 걸 발견했어요. 그 소리를 병뚜껑 따는 소리의 동작에 맞게 잘 다듬어서 응용하게 되었죠.

# 소리를 잘 못 내 실수했던 적이 있나요?

**편** 소리를 잘 못 내 실수했던 적이 있나요?

**안** 처음 일을 시작했을 때 프로야구와 아마추어야구에 사용되는 배트가 다르다는 걸 몰랐어요. 그래서 아마추어야구 장면에 나무 배트를 사용해 혼난 적이 있었죠. 아마추어야구는 알루미늄 배트를 쓰고 나무 배트는 프로야구에서 쓰는 거였거든요.

젊을 땐 야구를 별로 좋아하지 않았어요. 당시에 고교야구를 없애고 프로야구를 만들면서 고액연봉자와 알려지지 않은 선수와의 연봉차가 너무 커졌고 고액연봉자는 서민들이 보기에 일하는 것에 비해 너무 많은 돈을 받는 것 같아서 싫었어요. 그때만 해도 정의감에 불타던 패기 있던 때라서 위화감이 조성되는 것은 용서가 안 되었죠. 물론 고액연봉자가 되기 위해서 그들도 피나는 노력을 했겠지만요.

요즘은 그래도 그동안 다양한 경험을 하고 연륜이 쌓여서 오히려 제가 PD들이나 작가들한테 잘못된 점을 알려주죠.

# 일에서 보람을 느낄 때는 언제인가요?

📵 일에서 보람을 느낄 때는 언제인가요?

📵 청각 기관은 인간이 모태에 잉태되고 가장 먼저 열리는 감각 기관이자 호흡이 멈추고도 얼마간 기능이 남아있는 기관이기도 해요. 그런 만큼 인간은 소리로 시작해서 소리로 생을 마감한다고 해도 과언은 아니겠죠.

청각이 인간에게 미치는 영향을 볼 때 제가 하는 일인 소리를 다루는 음향효과 분야는 인류에게 가장 중요한 일 중 하나라고 자부하고 있어요. 방송이나 영화 또는 그 밖의 많은 프로그램을 통해 사람들에게 일생동안 청각을 재미있고 흥미롭게 만족시켜 줄 수 있다는 게 항상 기쁘고 보람되죠.

특히 시각장애인 여러분들께 좋은 소리를 많이 들려드렸던 경험은 보람된 일이었어요. KBS의 장애인을 위한 방송인 〈우리는 한 가족〉이라는 프로그램에서 '효과맨 안익수의 소리 여행'을 진행했던 일, 크리스마스 즈음에 방문했던 장애인 시설에서의 공연, 장애인의 날 특집방송에서 장애아들과 소리를 이용해 동화를 만들었던 일은 정말 큰 보람이었고, 그 일로 인해서 과분하게도 교육과학기술부의 감사장을 받는 영광도 누릴 수 있었어요. 소리를 통해서 사람들에게 기쁨을 주고 감동을 줄 수 있는 직업이라는 게 보람이자 기쁨이죠.

요즘은 농산어촌의 초, 중, 고등학교 학생들과 인터넷을 통해 원격으로 만나 음향효과의 세계에 대해 알려주는 〈원격 진로 멘토링〉의 멘토 활동을 하고 있어요. 한 달에 한 번 정도 수업을 하는데 오전 4교시, 오후 2교시 수업을 해요. 오전 8시 30분부터 오후 2시 30분까지 6시간 수업을 하는 거죠.

수업을 마치고 돌아갈 때는 목이 쉬어 있고, 피곤이 몰려오지만 수업시간 만큼은 정말 즐거워요. 컴퓨터 모니터 4분할 화면에 우리나라 방방곡곡의 초, 중, 고등학교 교실에 모여 앉은 천진난만한 학생들의 함성이 들리죠. 아침 일찍 인데도, 점심을 막 먹은 후인데도 눈빛은 초롱초롱하고 질문도 많아요. 이러한 학생들의 모습을 보면서 우리나라 미래의 밝은 모습과 희망을 보게 되죠. 그 밖에도 광명시에서 운영하는 SO멘토링과 지역 문화센터에서 운영하는 교육프로그램에도 참여하며 보람을 느끼고 있어요.

## 음향효과를 다루는 일은
## 기술에 가깝나요? 예술에 가깝나요?

편 음향효과를 다루는 일은 기술에 가깝나요? 예술에 가깝나요?

안 기술은 말 그대로 음향엔지니어가 음향장비를 다루는 음향기술을 말하는 거고, 음향효과는 창의성을 가지고 새로운 소리를 만들어내는 창조적인 일이므로 예술적 작업에 더 가깝다고 볼 수 있죠. 다양한 도구를 활용하며 작품에 맞는 소리를 만드는 일, 녹음기를 들고 여기저기 채음을 다니는 일, 프로그램에 응용하는 음악을 다루는 일은 모두 예술적 감각을 동원해야 해요.

도구를 이용해 소리를 창조하는 폴리아티스트는 이미 예술가라고 직업 사전에 올라와 있어요. 연기력이 필요한 분야라 창조적인 능력을 높이 평가해서 아티스트라는 칭호를 붙여주는 거죠. 포토그래퍼는 사진 찍을 곳을 찾아 여기저기 다니고, 그 사진을 컴퓨터그래픽으로 다듬거나 전시하는 등의 예술 활동을 하잖아요. 자료효과 담당자가 사진기 대신 녹음기를 가지고 소리를 찾아 전국을 돌며 채음한 소리를 활용하는 것도 예술적 행위라고 볼 수 있어요. 음악효과도 마찬가지로 반복적으로 같은 음악만 쓰면 식상하니까 상황에 따른 음악을 계속 개발해내는 창조적인 작업이 필요해요. 그런 점에서 당연히 음향효과는 예술에 가까운 일이죠.

그리고 대본을 정밀하게 숙지해야 하는 사람은 배우들뿐만 아니라 저희들도 마찬가지죠. 오히려 음향효과감독이 더 섬세한 분석을 한다고도 볼 수 있어요. 드라마 전반의 흐름을 파악해야 함은 물론 각 연기자의 캐릭터와 동선 및 마이크 위치까지 생각하면서 극본을 집중적으로 분석해야 하기 때문이죠. 배우의 감정이나 배경에 맞게 소리도 그때그때 달라져야 해요. 문을 여닫는 간단한 소리도 상황에 따라 느낌이 달라야 하거든요. 이처럼 소리로 연기를 하기 때문에 예술에 가까운 일이라고 생각해요.

# 이 직업을 잘 표현한
## 소설이나 영화, 드라마를 보신 적 있나요?

**편** 이 직업을 잘 표현한 소설이나 영화, 드라마를 보신 적 있나요?

**안** 제가 본 영화 중에 〈웰컴 미스터 맥도날드〉라는 일본영화가 있어요. 라디오 드라마를 소재로 한 영환데 등장인물 중에 폴리효과를 담당하다가 정년퇴직하고 방송국 수위 아저씨가 된 인물이 있어요. 라디오 드라마를 생방송으로 하던 중에 효과맨이 사라져서 수위 아저씨가 대신 예전 경력을 되살려 효과음을 만들어 내죠. 음향효과의 직업 중 특히 폴리효과를 리얼하게 잘 표현하는 수위 아저씨의 모습을 흥미롭게 봤던 기억이 나네요.

그리고 많이들 알고 있는 한국영화 〈봄날은 간다〉가 있죠. 사운드 엔지니어인 주인공 상우가 자연의 소리를 채집해 틀어주는 라디오 방송을 위해 녹음 여행을 떠나요. 보리밭에서 채음하는 장면이 유명하죠. 주인공이 라디오 방송국의 PD와 사운드 엔지니어이기 때문에 제가 하는 일이 배경으로 나와서 재미있게 봤어요.

그리고 최근에 나온 작품 중 〈또! 오해영〉이라는 드라마에서는 주인공 박도경의 직업이 음향감독이었죠. 사운드 녹음실이 배경으로 자주 등장했어요. 채음하는 장면도 나오고요. 이 드라마 덕분에 음향효과감독에 대한 관심이 많아져서 언론의 인터뷰 요청이 오기도 했어요. 이 시기에 『음향효과』라는 책을 내기도 해서 음향효과에 대한 홍보를 하기도 했죠. 몇 년 전에는 『폴리아티스트, 소리를 부탁해』라는 책을 출간했었는데 그때도 겸사겸사 라디오 프로그램과 TV 프로그램에도 출연을 많이 했어요.

🔲 음향효과가 정말 잘 된 작품에는 뭐가 있을까요?

🔳 좀 오래되긴 했는데 록키 산악 공원의 구조대원이 주인공인 〈클리프행어〉라는 영화가 있어요. 폴리아티스트가 산에서 발생하는 소리를 생생하게 잘 표현했죠. 〈스타워즈〉는 사이버틱한 특수효과음을, 〈아바타〉는 환상적인 효과음을 잘 사용했고요. 〈쥬라기 공원〉에서는 호랑이와 코끼리의 울음소리를 합성해 공룡 울음소리를 만들어냈는데 굉장히 실감나죠.

〈태극기 휘날리며〉에서는 총소리가 굉장히 잘 표현되어 있어요. 〈라이언 일병 구하기〉 버금가게요. 〈라이언 일병 구하기〉는 음향효과 면에서 높게 평가받고 있는 작품이에요. 초반에 등장하는 오마하 해변 전투 장면은 영화 역사상 가장 리얼한 전투 장면의 재현으로 손꼽히는데 촬영과 음향이 큰 역할을 했죠. 등장인물들이 물 바깥에 있을 때와 물 안에 잠겨 있을 때 느끼는 소리의 차이를 철저하게 구별해냈고, 폭음 때문에 청각이 들리지 않는 인물의 상태를 사운드를 없애 묘사하기도 했어요.

또 근래에 나온 영화 중 우주 공간을 그린 두 가지 영화가 있죠. 〈그래비티〉와 〈인터스텔라〉인데요. 두 영화 모두 우주 공간의 사실감을 잘 표현한 영화예요. 마치 관객이 주인공과 함께 우주공간에 있는듯한 기분을 주는데, 음향효과도 한몫을 했다고 생각해요. 우주공간에는 원래 소리를 전달하는 공기라는 매질이 없는 진공상태이므로 소리가 나질 않지만 〈그래비티〉는 음향을 상징적으로 적절히 사용하여 과장되지 않은 사실감을 주었고, 〈인터스텔라〉는 우주 공간에 소리를 전혀 사용하지 않음으로써 사실감을 효과적으로 표현했어요. 이 영화를 통해 무음표현도 훌륭한 음향효과가 될 수 있다는 것을 재확인 했죠.

# 음향효과감독으로서의 고민이 있나요?

■편 음향효과감독으로서의 고민이 있나요?

■안 열린 미래를 주도하고 선도해야 할 방송국에서는 아직도 구태의연하게 학벌 위주로 인재를 채용해요. 공부를 잘하는 사람은 학계나 연구직에서 충분히 그 능력을 발휘할 수 있는데 말이죠. 방송국이 공부는 좀 못했더라도 어릴 적부터 또는 학창시절에 카메라 하나로 촬영도 하고, 연출도 하며 자신만의 작품을 만들었던 사람, 소리가 좋아서 여기저기 녹음하러 다녔던 열정정인 사람들을 채용해서 좀 더 창의적으로 일하는 직원들이 많아져야 하겠고, 이들이 마음껏 일할 수 있도록 정규직으로 신분을 보장해 줘야 해요.

방송국은 학교나 연구소가 아니거든요. 머리가 좋아서 공부를 잘했던 사람보다는 창의적인 아이디어가 번뜩이는 사람들이 일해야 해요. 물론 공부도 잘하고 창의적이기도 한 사람도 많겠지만 성적과 학벌을 우선으로 뽑는 방송국 채용 원칙은 없어져야 해요. 좋은 대학을 나온 개그맨들이 사람을 잘 웃기는 건 아니잖아요. 공부는 좀 못해도 개개인의 끼와 개성, 열정을 맘껏 펼칠 수 있는 사회가 빨리 되기를 기대해요.

그리고 우리 후배들이 아직 연봉계약직이에요. 제가 입사해서 일할 때 보다 여건이 많이 나아지기는 했지만, 새로 입사하는 후배들부터라도 방송국의 정규직이 돼서 안정되게 일했으면 해요. 같은 일을 하고, 때로는 더 비중 있는 일을 하기도 하고, 능력도 있는데 정규직이 아니라서 여러 가지 혜택을 받지 못하는 점이 안타까워요. 그리고 아무래도 PD와 의견 대립이 있을 때 강력하게 자기주장을 하기 어려운 점도 있죠. 나날이 비중이 커지는 음향 분야에 걸맞게 처우도 개선이 되어야 한다고 생각해요.

저는 음향효과 분야가 전속직일 때 정규직으로 신분을 바꿔보겠다고 노력하다 나와서 20여 년을 프리랜서로 활동하고 있지만, 매년 봄·가을 개편 때면 프로그램이 없어질까 봐 걱정되고, PD가 바뀔 때면 일거리를 잃을까 봐 염려돼요. 실제로 PD가 바뀌고 프로그램에서 하차한 적이 있었어요. 그리고 조직에 속해 있지 않다 보니 몸이 아프거나 바쁜 일이 있을 때 휴가도 낼 수 없어서 힘든 적도 많았어요.

하지만 우리 후배들은 점점 업무 환경이 나아지고 있고, 처우도 개선되고 있으니 앞으로 음향효과 분야를 지원하게 될 후배들에겐 희망을 가지라고 얘기해주고 싶어요.

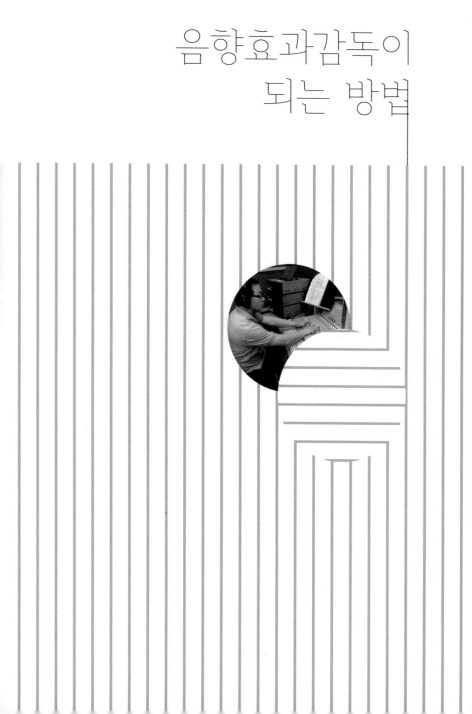

음향효과감독이
되는 방법

## 음향효과감독이 되는 방법을 알려주세요.

■ 음향효과감독이 되는 방법을 알려주세요.

■ 공중파 방송 3사는 매년 채용을 하는 게 아니라서 문이 좁아요. 결원 시 수요가 생기면 인터넷이나 방송으로 채용공고를 하죠. 음향효과 분야는 합창단, 교향악단, 무용단처럼 전속단체로 모집하고 있으며 정규직이 아니라 연봉계약직으로 채용하고 있어요.

시험은 실기시험과 필기시험으로 나뉘어 있는데, 필기시험에는 작품분석이나 작품응용능력에 대한 문제가 나오고, 실기시험에는 대본을 분석하고 적절한 음향효과를 활용하는 문제가 나와요. 방송국뿐 아니라 음향전문업체나 녹음실, 게임업체, 광고업체, 영화사에서도 음향 분야의 인재를 채용해요. 방송국이 아니더라도 도전해볼 만한 문들은 많죠.

그런데 안타깝게도 우리 분야는 아직 전문 교육체제를 갖추고 있지 않아요. 물론 음향 관련 학과가 많지만 모두 하드웨어 위주의 시스템 사운드 엔지니어 과정이죠. 소프트웨어적인 음향효과 소양 교육을 전문적으로 하는 곳은 거의 없어요.

음향디자인실에 사운드 편집 툴 시스템을 구축한 적이 있었어요. 당시 부장님은 외부 녹음실에서 해당 사운드 툴을 잘 다루는 경력자를 특별 채용했죠. 하지만 그건 실수였다고 요즘도 얘기하세요. 사운드 편집 툴을 다루는 스킬보다 사운드 편집 툴에 담겨지는 내용이 더 중요하다는 것을 깨달았기 때문이었어요. 사운드 편집 툴 사용 방법은 몇 주 정도의 교육이면 누구나 충분히 습득할 수 있으니까요.

그러나 작품을 분석하고 알맞은 사운드를 디자인할 수 있는 능력은 하루아침에 만들어지지 않아요. 다양한 상식과 경험을 쌓고 이를 토대로 프로그램의 특징을 올바르게 파악한 후 음향효과 작업을 해야 하죠. 그런데 시스템 툴을 다루는 것이 전부인 양 소리를 나열하듯이 배치하고 기계적으로 음향효과 작업을 하는 사람을 보면 안타까워요.

단순히 사운드 편집 툴을 잘 사용하는 사람보다는 작품분석력과 상식, 음향학적 소양, 매체와 장르의 특성에 대한 지식을 테스트하고 사원을 뽑은 후 외부 강사를 초빙해서 몇 주 동안 사운드 편집 프로그램 사용 방법에 대한 교육을 시켰더라면 더 좋았을 거라고 생각해요.

## 청소년기에는 어떤 준비를 하면 좋을까요?

📝 청소년기에는 어떤 준비를 하면 좋을까요?

💬 작품에 대한 분석력이나 제작기법, 사운드 연출력은 하루 아침에 배운다고 되는 게 아니에요. 청소년기에는 보다 많은 경험을 하는 게 중요하죠. 내가 신이 나서 몰입할 수 있는 일에 끼니도 걸러가며 몰두해 볼 필요도 있어요. 청소년기의 경험은 사회인이 되어서 소중한 밑거름이 될 테니까요. 무엇이든지 해보고 싶은 게 있으면 도전하세요. 그 도전은 돈 주고도 살 수 없는 귀중한 보물이 될 거예요.

📝 어떤 공부가 도움이 될까요?

💬 음향엔지니어는 전자공학과 전자기술 쪽 공부를 해야 돼요. 그렇지만 앞서 얘기했듯이 음향효과감독은 한 분야의 깊이 있는 공부보다는 광범위한 분야의 상식을 많이 알아야 하기 때문에 특별한 전공 공부가 필요하지는 않아요. 인문학이나 예술 분야, 전자공학, 정보통신 등 어떤 분야를 공부했든 상관이 없죠.

특정 전공은 필요 없지만 채용 시 관련 지식이 있으면 유

유리판에 셀로판테이프를 붙인 뒤 쫙 찢듯이 떼어내면 얼음이 깨지는 소리가 나요. 유리판은 깨지면 위험할 수 있으니 아크릴판을 사용할 수도 있어요. 아크릴판을 하나 깔고 굵은 소금을 살짝 뿌린 후 또 다른 아크릴판으로 덮은 후 그 위에 올라가서 밟아 보아요. 얼음판에 금이 가는 듯한 소리가 날 거예요.

# 비 오는 소리
## 만들기

보슬보슬 봄비는 봄이 왔다고 알려주죠. 여름엔 시원한 소나가가 더위를 식혀주고요. 가을엔 알록달록한 낙엽 위로 추적추적 쓸쓸한 가을비가 내려요. 한 겨울 흐려진 하늘을 보면 눈이 내릴 것만 같았는데 비가 오면 실망하곤 했어요. 어떤 도구를 이용하면 비 오는 소리를 낼 수 있을까요?

비 오는 소리는 작은 빗방울과 지표면의 마찰에 의해 발생하는 마찰음이에요. 즉 비 오는 소리는 작은 알갱이의 마찰음이 계속되는 거죠. 빗방울 대용으로 구슬을 준비하고, 지표면 대용으로 소리가 잘 날 수 있는 얇은 플라스틱판을 준비해요. 빗소리처럼 연속해서 소리가 날 수 있도록 여러 개의 구슬 알갱이들을 서로 엉키지 않도록 실에 매달아 적당한 간격을 두고 플라스틱판에 부착해요. 이제 잘 흔들어주면 비 오는 소리가 만들어져요. 가족이나 친구와 함께 해보세요.

# 개구리 울음 소리
## 만들기

겨울잠을 자던 개구리가 봄소식을 듣고 깨어나 엄마를 찾아요. 비가 오면 여름철 늪지대에선 개구리 합창대회도 열린대요. 개구리 울음 소리를 내려면 어떤 도구를 이용하면 좋을지 생각해 봐요.

대꼬막이나 피조개처럼 표면이 울퉁불퉁한 조개껍데기를 양쪽 손에 쥐고 서로 마찰을 일으켜 소리를 내요. 엄마 찾는 아기 개구리는 좀 작은 조개껍데기로 엄마 개구리는 큰 조개껍데기를 사용해요. 친구들과 함께 여럿이 소리를 내면 개구리 합창단도 될 수 있어요.

# 뼈 부러지는 소리
## 만들기

뚝! 뚝! 하고 뼈 부러지는 소리를 들어본 적이 있나요? 이런 소리는 무언가를 실제로 꺾거나 부러뜨리면 낼 수 있을 것 같은데요. 어떤 물건을 이용하면 가장 실감나는 소리가 만들어 질까요?

얇은 플라스틱 카드를 골판지처럼 지그재그로 접어요. 접힌 선들이 가로로 위치하게 양 손으로 맞잡고, 힘을 살짝 주어 꺾어보세요. 더 강한 소리를 내려면 빈 페트병을 구겨서 소리를 내기도 하고, 대나무를 쪼개서 손으로 움켜쥐며 소리를 내기도 해요.

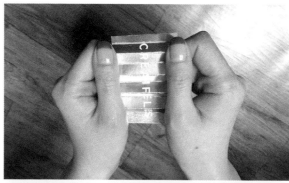

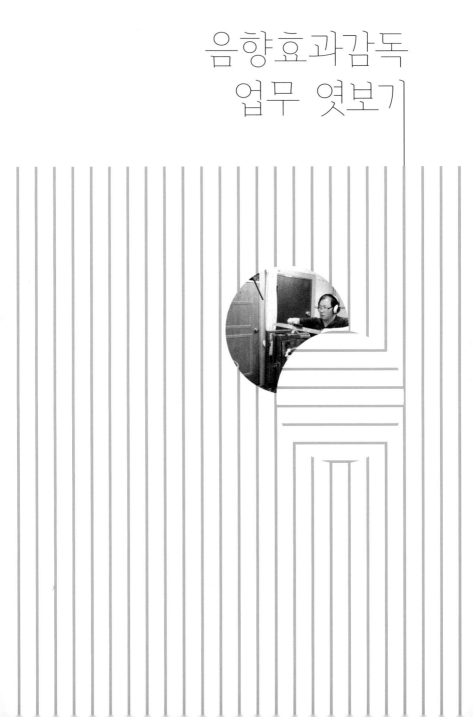

음향효과감독
업무 엿보기

"

소리를 찾아서 녹음하는 일,
채음된 소리를 잘 다듬어서 자료로 만드는 일,
도구를 이용해 소리를 만드는 일,
악기를 연주하거나 음반을 찾는 일이 모두
음향효과를 만드는 과정이에요.

"

소리를 찾아다니며 녹음하는 일을 채음이라고 하죠. 비 올 때, 빗소리라고 항상 같은 소리가 나는 건 아니에요. 흙바닥에 떨어지는 비, 콘크리트 바닥에 떨어지는 비, 유리창에 떨어지는 비, 자동차 지붕에 떨어지는 비, 이슬비, 장대비 등 상황과 장소에 따라 여러 가지 종류의 빗소리가 있어요. 오랜 기간 비축된 자료들을 갖고도 여전히 채음을 나서야 하는 이유가 여기

지하철역에서 막 출발하는 지하철의 소리를
채음하고 있어요

에 있어요. 세상의 소리는 너무나 다양하고 변화무쌍하기 때문이에요. 그래서 시간을 내 채음을 위한 여행을 떠납니다.

채음을 할 때는 철저한 사전계획을 세워야 해요. 먼저 목표음을 설정하고, 그 소리가 자주 발생할 것 같은 장소를 섭외해 놓고, 채음 스케줄을 꼼꼼히 짜고 인원과 예산을 수립해요.

다음으로는 상황에 따라 적절하게 대응할 수 있도록 녹음 장비와 활동 장구를 챙기고 채음을 떠나요. 채음을 시작하기 전에 녹음 대상을 장면의 장소와 배경을 묘사하기 위한 배경음과 등장인물의 동선과 감정 표현에 직접적으로 관여하는 목적음으로 크게 구분해 놓고, 또 각각을 인공음과 자연음으로 구분해 놓죠.

배경음은 주로 장면을 표현해주는 음향효과로서 시대와 장소, 시간을 묘사하기 위한 소리예요. 배경음은 공간의 소리라서 마이크 범위를 넓게 설치하고, 어떤 특정 소리가 두드러지지 않게 녹음해야 해요.

배경음의 인공음은 야외의 소리와 실내의 소리로 나눠 녹음해요. 야외 인공음은 도심의 거리 소리, 지하철역과 플랫폼 소리, 기차역과 대합실 소리, 버스정류장의 소리 등이 있어요. 실내 인공음은 식당이나 건물 로비의 소리, 파티장 소리, 집회

장 소리 등이 있는데, 실내 특유의 공간음 울림이 규모에 따라 다르게 채음돼요.

배경음의 자연음에는 숲속 풍경, 바다 풍경, 들판 풍경 등이 있고, 기상현상을 나타내는 비 오는 소리와 바람 소리, 천둥소리 등이 있어요. 야외 배경음을 채음할 때는 바람이 최대의 방해꾼이므로 바람을 막아주는 액세서리를 반드시 준비해야 해요.

어디서든 녹음 버튼만 누르면 느닷없이 등장하는 방해음이 있어요. 거리에서 큰소리로 지나가는 오토바이나 숲에서 유난히 크게 우는 새소리, 실내 공간에서 갑자기 울리는 누군가의 휴대폰 벨소리 등이죠.

목적음은 드라마에서 스토리를 끌어가는 데 반드시 필요한 소리를 말해요. 목적음을 채음하기 위해서 지향성 마이크 중 초지향성에서 극초지향성 마이크까지 필요할 때도 있어요. 목적음의 종류에는 자연음으로 특정 새소리나 동물의 소리 등이 있고, 인공음으로 전기전자음, 기계음, 교통음 등이 있어요.

목적음의 자연음 중에서도 동물소리를 채음할 때는 극도로 신중히 진행해야만 해요. 녹음 장비가 설치된 것을 눈치채고 도망가 버려 돌아오지 않는 경우도 자주 있거든요. 특히 날

짐승들은 극도로 예민하기 때문에 인기척이나 녹음기 돌아가는 소리에 민감하게 반응하므로 녹음기나 채음 요원이 마이크에서 멀수록 채음 성공률이 높아져요. 또 주의할 점은 녹음기가 마이크와 가까우면 녹음기 작동음까지 수음이 되어 음질을 신뢰할 수 없게 되므로 녹음기와 마이크 간에 적당한 거리를 확보해야 해요.

목적음의 인공음을 채음할 때는 녹음대상이 기계나 사물이므로 녹음기나 마이크에 대한 상대적 반응이 없어서 조금 수월하지만 난데없는 방해꾼은 배경음 때와 마찬가지로 수시로 등장하죠. 신형 자동차가 출시되어 각종 기능음을 녹음하려고 채음 장소를 한적한 곳으로 정했는데, 막상 녹음을 시작하니 까치가 울고 헬기가 지나갔던 경험도 있어요. 그래서 채음이 쉬운 일이 아니죠.

## 채음에 필요한 장비를 알아볼까요?

가장 중요한 장비는 녹음기와 마이크예요. 그리고 야외 녹음을 하러 가면 바람의 영향이 크기 때문에 마이크 바람막이<sup>Rode</sup> <sup>Deadcat</sup>를 준비해요. 윈드쉴드<sup>Rycote Wind Shield Kit</sup>라고도 해요.

예전에는 내구성이 강한 DAT<sup>Digital Audio Tape</sup>녹음기를 사용했는데 요즘에는 SD<sup>Secure Digital</sup>카드가 내장된 녹음기를 주로 사용하죠. 마이크도 여분으로 몇 개씩 가지고 가서 좌우나 크로스로 교차시켜 배치해요. 파도 소리처럼 넓은 공간에 분포한

채음을 위한 최소한의 장비인
녹음기, 마이크, 헤드폰, 바람막이와 집음기

소리를 효과적으로 모으기 위해서는 파라볼라 형태의 집음기를 사용하고요.

그밖에도 삼각대나 우천 시 사용할 방수 장비도 필요해요. 무엇보다 중요한 건 배터리죠. 배터리가 없으면 무용지물일 테니까요. 또 하나 중요한 게 있어요. 제일 중요하다고 할 수 있겠네요. 그건 항상 안전을 첫째로 해야 한다는 거예요. 채음을 떠나 소기의 목적을 달성하려면 안전하게 무사 귀환하는 게 가장 중요하겠죠.

# 자료화

채음한 소리를 바로 사용할 수는 없어요. 채음된 소리들은 거칠거든요. 밭에서 갓 뽑아 흙이 묻어있는 무나 배추라고 생각하면 돼요. 흙을 털어 내고 잘 씻고 다듬어서 먹기 좋게 만들듯이 소리를 집중해서 들으며 적정 레벨로 맞추고, 잡음을 제거하고, 늘리거나 잘라 적절한 길이로 만들어서 언제든지 바로 사용할 수 있도록 만들어요. 이렇게 사운드 편집 툴을 이용해서 편집 작업을 마쳐야 완전한 자료가 돼요. 샘플러나 신시사이저 같은 전자악기로 특수효과음을 만들어 자료화하는 일

자료효과 편집 및 오퍼레이팅 작업

역시 자료화 작업이에요. 자료들은 그때그때 상황에 맞게 찾아 사용할 수 있도록 파일 형태로 보관하고 장르별로 분류해 놓아요.

## 샘플러

오실레이터나 제너레이터를 쓰지 않고 미리 기억된 자연음을 음원으로 사용하는 악기를 모두 가리키며, 샘플링 머신이라고도 해요. 자기 테이프에 악기음 등을 수록하여 건반을 누르면 재생되는 구조의 멜로트론이라는 악기가 이 방식을 응용한 것이죠. 오늘날에는 자기 테이프와 같은 아날로그 기억 매체를 대신해서 일단 음을 디지털 기호화해서 기록하는 디지털 기억 매체가 사용되고 있어요.

## 신시사이저

신시사이저는 전기신호를 사용하여 다른 악기의 소리를 흉내 내거나 새로운 소리를 만들어내는 악기를 말해요. 원리적으로 악음은 물론, 자연음, 동물의 울음소리 등 어떠한 음도 표현할 수 있으나, 이에 따른 경제적 제약 때문에 표현범위가 한정되죠. 또한 조작이 복잡하고 경우에 따라서는 다중녹음을 필요로 하는 단점도 있으나, 기술의 진보와 연주 솜씨가 향상됨으로써 이와 같은 단점은 점차 보완되고 있어요. 대부분의 신시사이저는 피아노와 비슷한 건반을 가지지만 다른 연주장치, 종래의 악기 등과 함께 사용되기도 해요.

# 폴리효과

폴리효과는 연기자의 감정과 동화된 소리를 만들어내는 음향 효과 분야로써 연기력이 필요하기 때문에 폴리효과 담당자는 스태프이면서 연기자, 즉 소리 연기자라고 불리고 있어요. 고도의 집중력과 감성이 조화롭게 어우러지는 창작 작업을 수행 하므로 예술성을 인정받기도 하죠. 음향효과 분야 중에서 아

싱우들과 호흡을 맞춰 폴리효과 작업을 하는
소리연기 중이에요

티스트라는 칭호를 붙여 '폴리아티스트'라고 부르기도 해요.

폴리효과 도구의 재질은 다양하고 소리 내는 방법도 여러 가지예요. 나무, 쇠, 플라스틱, 비닐 등의 물건을 두드리거나, 문지르거나, 긁거나, 불거나, 부러뜨리거나, 자르거나 수많은 방법으로 소리를 만들어 내죠.

텔레비전 드라마의 폴리효과 작업은 화면 속 장면에 소리를 맞추어야 하는 순발력이 소리의 퀄리티보다 우선이었죠. 그 이유는 TV 드라마에서의 음향효과는 TV 특성상 라디오와는 달리 영상이 장면과 상황을 그려주기 때문에 소리로 주도

하기보다는 소리가 영상의 보조 역할이었기 때문이죠. 라디오는 백퍼센트 소리로만 방송되므로 음향효과의 퀄리티가 우선시 되어야 함은 물론이고 더불어 연기자의 호흡연기와 잘 어울리도록 능숙한 소리 연기가 펼쳐져야 해요.

영화에서는 스크린의 규모에 맞는 소리를 만들어주어야 하기 때문에 폴리효과를 포스트 작업으로 제작하는 경우가 많아요. 광고 음향효과에서도 독특하고 상징적이며 과장된 음원을 얻기 위해서 폴리효과 작업을 하기도 하고요.

소리를 찾아라!

# 음악효과

악기를 연주하거나 음반을 찾는 일은 음악효과 담당자가 하는 일이죠. 다양한 악기를 가지고 프로그램에 활용하는데 하나의 음원보다 다양한 음원을 미디(디지털 키보드)에 집어넣어 오케스트라 연주까지 만들어낼 수 있어요. 그리고 기존에 완성되어 있는 음악을 잘 선곡하거나 편곡해서 프로그램에 활용하기도 해요. 그럴 때 저작권 문제를 잘 해결해야 하는 건 필수죠.

드라마가 인기를 끌면 그 테마 음악은 곧바로 음원차트의 상위권에 랭크돼요. 음악은 그 드라마 전체의 분위기를 대변해준다고 해도 과언이 아닐 거예요. 드라마뿐만 아니라 많은 작품에서 음악은 그 프로그램의 성격, 즉 장르를 나타내주죠. 한때는 주제가가 유행한 적이 있어요. 요즘은 주제가보다 드라마에 삽입된 곡이란 뜻의 오리지널 사운드 트랙OST: Original Sound Track이 큰 인기를 끌고 있죠.

라디오와 TV 드라마, 영화에서의 음악은 작품의 완성도에 직접적인 영향을 끼칠 만큼 중요한 역할을 한다고 보면 돼요.

음향효과로서 음악의 기능은 프로그램의 시작과 끝을 알리고 장면을 이어주거나 희로애락의 감정을 효과적으로 상승시켜주는 역할을 하죠. 음악효과의 기능별 제작 기법에는 시그널, 브리지, 코드, 비지, 엔딩음악이 있어요.

# 음향효과감독
# 안익수 스토리

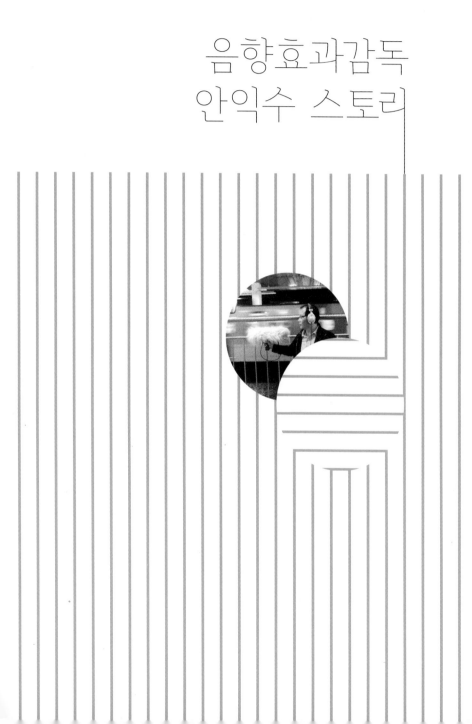

편 부모님은 어떤 분이셨고, 어린 시절 환경은 어땠는지 궁금해요.

안 지금은 부모님이 모두 돌아가셔서 많이 보고 싶어요. 해드리지 못한 게 너무 많아서 생각만 하고 하지 못했던 많은 일들이 후회되네요. 부모님은 강원도 횡성에서 같은 동네에 사셨다가 결혼을 하셨어요. 제가 태어날 당시 아버지는 횡성군청 공무원이셨죠.

강원도 원주에서 살고 있었는데 아버지께서는 자식들을 서울에서 공부시켜야 한다며 안정된 직장까지 그만두셨어요. 서울로 올라와 처음 정착한 곳은 답십리인데 집 뒤로 돌산이 있었고, 근처에 성당이 있어서 성당 종소리가 울려 퍼지던 게 생각나요.

제가 5살 때 면목동으로 이사를 했어요. 면목동은 서울 변두리였는데 논과 밭이 있고, 집 뒤에는 용마산이 있었어요. 시골이나 마찬가지였죠. 밭에서 무 서리해 먹고, 논에서 메뚜기 잡아 꿰어다가 구워 먹고, 산으로 칡이나 수정을 캐러 다녔어요. 여름엔 개천에서 개구리 잡아먹고, 겨울엔 비어있는 논밭에서 콩 구워 먹고 놀았어요.

차츰 동네에 목공소도 들어오고 벽돌공장, 과자공장, 국수공장도 들어와서 놀 것이 더 많아졌죠. 목공소에서 나무 가져다가 나무칼 만들어 칼싸움하고, 벽돌공장에서 벽돌 말리느라 쌓아놓은 곳에 숨으며 술래잡기도 하고, 과자공장에서 쫀득이 말리려고 널어놓으면 가져다 먹고, 국수공장에서 국수 널어놓으면 걷어다가 먹기도 했죠.

요즘 아이들은 너무 공부만 하는 것 같아서 안쓰러워요. 가끔 아이들한테 공부하라고 하면서 미안할 때가 많아요. 저는 어릴 때 실컷 놀았으면서 아이들한테는 공부하라고 하니까 말이죠.

**편** 어려서부터 소리에 예민했나요?

**안** 저는 어려서부터 소리가 신기했어요. 제 어릴 적 서울은 시골 못지않게 숲과 나무로 둘러싸인 환경이어서 자연의 소리에 귀를 기울일 기회가 많았죠. 그리고 경제개발이 한창 진행될 때여서 제 주변에서는 새로운 소리들이 늘 들려왔어요.

각종 풀벌레 소리, 개구리 우는 소리, 산새 소리와 벽돌공장 소리, 목공소에서 나무를 깎고 자르는 소리, 과자공장 기계 돌아가는 소리 등이 제 주변에 항상 있었으니까요. 가끔 놀러 갔던 마을 근처에 기찻길이 있었어요. 기찻길 철로에 귀를 대고 멀리서 기차 오는 소리를 들으며 놀았죠. 공장 계단 난간이나 홈통에 귀를 대면 소리가 크게 들리는 게 신기해서 귀를 대고 소리를 듣곤 했죠.

또 논밭에서 뛰어 놀다보면 곤충이나 동물들은 어떻게 소리를 낼까 궁금해서 매미나 개구리를 잡아와 그 소리를 가만히 듣기도 했고요. 심지어 분해해보기까지 했어요. 동네 뒤로는 아차산과 용마산이 있었어요. 산에 칡 캐러 갈 때면 '야호~' 소리를 외치는데 그게 메아리가 되어 돌아올 때면 산에서 메아리가 발생하는 이유가 뭘까 생각했고, 한 번은 메아리를 잡겠다고 온 산을 헤매고 다닌 적도 있어요.

나무를 두드리는 소리와 유리를 두드리는 소리, 쇠 두르리는 소리는 왜 다를까 궁금하기도 했죠. 라디오 소리를 듣고 안에 사람이 들어있나 하는 생각에 분해했다가 아버지한테 혼난 적도 있어요. 한번은 집에 탁상시계가 있었는데 '쨰깍쨰깍' 하는 소리가 어디서, 어떻게, 왜 나는 걸까 궁금해서 분해했다가 결국 망가뜨리고 엄청 혼난 적도 있었어요. 어릴 적부터 소리에 무척 예민하고 관심이 많았던 것 같아요.

**편** 어렸을 때 꿈은 무엇이었나요?

**안** 저는 어릴 때 특별한 꿈은 없었어요. 요즘처럼 학원이다 조기교육이다 해서 많은 간접경험을 했다면 "나는 뭐가 될 거야."라고, 하고 싶은 것을 보다 빨리 결정하고 꿈을 가졌을 텐데 아무 생각 없이 뛰어 놀기만 했으니까요. 그렇지만 아버지께서는 제가 판사나 검사가 되길 바라셨죠. 아버지가 판검사가 되어야 한다고 하시니 특별한 꿈이 없었던 저는 판검사가 되어야겠다고 생각했어요.

중, 고등학교 시절에는 음악이 좋아서 FM 라디오를 노상 틀어 놓고 생활했고, 카세트로 방송에서 나오는 좋은 노래를 녹음하고, 선물 받은 워크맨 라디오를 들고 여기저기 다니곤 했어요. 그렇게 들었던 방송이 저를 방송인으로 이끌었는지도 모르죠.

**편** 학창시절 공부는 잘했나요?

**안** 그렇게 공부에 관심이 많은 아이는 아니었어요. 하지만 공부를 하나도 안 하고 놀아도 초등학교 때는 방학 때마다 성적이 좋은 학생에게 주는 상품인 노트와 연필을 잔뜩 받아왔고 중학교 2학년 때 까지는 반에서 10등 정도는 했으니까 머리는 그다지 나쁘지 않았나 봐요.

그런데 중 3이 되고 고교 진학을 하자 상황이 바뀌었어요. 공부가 어려워지고 성적이 뒤처지기 시작하는데 걷잡을 수 없어졌죠. 성적이 떨어질수록 더 공부하기가 싫어졌고, 방황을 하기도 했어요. 공부를 하는 대신 녹음기와 비디오만 들고 여기저기 돌아다녔죠. 비디오 촬영도 좋아해서 친구 집에 행사가 있으면 촬영해서 비디오카메라 두 대를 연결해 돌려가며 편집도 하고, 음악도 넣어주고, 직접 만든 자막도 찍어서 넣었죠.

그렇게 하다 보니까 방송 쪽에 관심이 생겼어요. 그래서 고교 졸업 후 한양비디오프로덕션에 입사했어요. 삼성전자 기흥반도체공장 홍보 영상도 촬영해서 제작하고, 동아문화센터에서 비디오 강좌도 하는 등 영상과 음향 편집을 본격적으로 배웠죠.

편 방송국에는 어떤 과정을 거쳐 들어갔나요?

안 군에 입대하는 바람에 한양비디오프로덕션을 퇴사한 저는 당시 컴퓨터 붐이 일었기 때문에 군에서 전역하자마자 중앙전자 컴퓨터프로그래밍 과정을 이수하고 한국시스템산업주식회사에 입사했어요. 그 후 중앙전자 컴퓨터사업부와 오성전자를 거치면서 컴퓨터 하드웨어 유지, 보수를 담당했죠.

그러면서도 친구와 친척들 결혼식이나 돌잔치, 회갑연, 칠순잔치 등이 있을 때면 카메라를 들고 가서 촬영하고 음향을 넣어서 편집해서 선물하는 일을 취미 삼아 계속 했어요. 제가 좋아서 하는 일이었으니까 모두 공짜로 해드렸죠. 그런 저의 모습이 방송에 대한 열망으로 비춰졌는지 당시 방송국에서 근무하시던 매형이 녹음실과 KBS 프리랜서 음향효과팀에 추천을 해주었고 그곳에서 활동하다 KBS 전속 음향효과단에 시험을 보고 입사하게 된 거예요.

**편** 이 일을 하면서 어떤 작품을 하셨나요?

**안** 제가 방송국에 입사해서 맡은 일은 TV 드라마와 라디오 드라마의 음향효과를 제작하는 일이었어요. 당시 제가 맡은 TV 드라마는 〈형〉, 〈대추나무 사랑 걸렸네〉, 〈드라마게임〉, 〈TV문학관〉, 〈해 뜰 날〉 같은 현대물과 〈태조 왕건〉, 〈백범 김구〉, 〈용의 눈물〉, 〈무인시대〉 같은 대하 사극이었죠.

현대물은 재미있었어요. 당시엔 영상만 촬영을 해 와서 모든 소리를 만들어 넣어줘야 했는데 특히 폴리효과 더빙 작업은 예술 작업을 방불케 했죠. 모니터 앞의 두세 명 되는 효과맨이 숨소리도 죽이고 화면과 씽크를 맞춰 소리를 만들어내는 작업이란 마치 춤을 추듯이 환상적이었어요. 이러한 모습을 꼭 공연화해야겠다는 생각을 지금도 하고 있어요.

대하드라마 전쟁사극의 특수효과 작업은 매우 긴장되고 고된 작업이었어요. 지금은 사운드 편집 툴이 있어서 마우스 하나로 편집이 가능하지만 예전에는 릴 테이프의 시간당 길이를 재고, 하나하나 자른 다음 이어 붙여야 했기 때문에 작업 시간도 오래 걸렸고 실수하면 안 되니까 초긴장을 해야 했죠.

한 작품이 시작되면 2년에서 2년 반 정도를 방송하는데 주로 토요일과 일요일에 밤을 새워 작업을 해야 해서 평일은 매

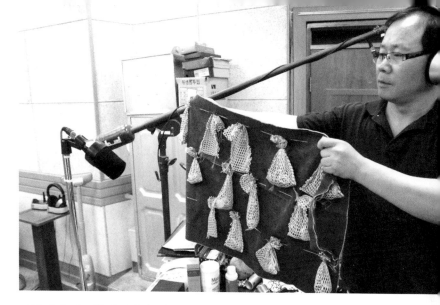

사극에서 장군들이 갑옷을 입고 움직이는 소리는
이렇게 표현해요

일 늦게 오고, 토요일 일요일도 밤을 새운다고 아내가 투정을
부리곤 했죠. 그래도 작품이 끝날 때면 연기자들과 함께하는
종파티도 참석하고, 매번 한 작품이 끝날 때마다 수고했다고
기념패를 받기도 했죠. 지금도 자랑스럽게 간직하고 있어요.
그런데 지금은 대하드라마 사극이 줄어서 많이 안타깝네요.

　　TV 드라마는 주로 라디오 드라마 제작이 끝나고 저녁에
제작을 했지만, 라디오 드라마는 일과 중에 제작을 했어요. 왜
냐하면 라디오 드라마는 TV 드라마처럼 야외 촬영이나 편집

이 필요 없고, 작가가 대본만 써서 보내주면 성우들을 캐스팅하고 한날한시에 모여서 녹음만 하면 되었으니까요.

입사 초기에는 정치 드라마, 경제 드라마, 현장 드라마, 청소년 드라마, 뮤직 드라마, 실화극장 등 라디오 드라마가 많았어요. MBC나 SBS 같은 다른 방송사와 서로 경쟁을 하기도 했고 CBS와 불교방송, 교통방송에서도 라디오 드라마를 제작했었죠. KBS 정치 드라마 〈그때 그 사건〉은 MBC에서 방송되는 정치 드라마 〈격동 50년〉과 경쟁을 했어요.

지금은 MBC, SBS 모두 라디오 드라마를 제작하지 않고 있고, 성우도 거의 뽑질 않아요. 제작비가 많이 든다는 이유인데 잘못 생각하고 있는 거죠. 미래는 인간의 감성을 매개로 한 사운드의 시대인 걸 간과한 거예요. 소리는 상상이라는 감각을 일깨우고, 창의적인 능력을 키워준다는 걸 모르기 때문이에요.

특히 스토리텔링을 기반으로 한 사운드콘텐츠인 라디오 드라마는 미래의 훌륭한 자원이 될 수 있다고 생각해요. 다행히도 KBS는 공영방송으로서의 책무를 가지고 장르와 직종을 보호하고 발전시키고 있어요. 그렇기에 제가 KBS의 음향효과 감독이라는 데에 자부심을 느껴요. 요즘도 KBS 라디오에선 〈

라디오 문학관〉, 〈바람 따라 구름 따라〉, 〈KBS무대〉, 〈라디오 극장〉, 〈초한지〉, 〈역사를 찾아서〉 등을 제작하고 있어요.

편 이 일을 하면서 기억에 남는 일이 있었나요?

안 특히 기억에 남는 일은 2005년 KBS1 라디오에서 제가 쓴 극본인 '효과맨의 꿈'을 방송의 날 특집으로 〈KBS무대〉를 통해 방송을 한 것과 KBS3 라디오에서 〈효과맨 안익수의 소리 여행〉이라는 프로그램을 맡아 직접 진행한 일이에요. 라디오 드라마를 소개하고 그 드라마에 나오는 효과음과 채음한 소리를 소개하고, 매월 그달의 콘셉트에 맞는 소리 풍경을 만들어 소개하는 프로그램이었죠. 지금도 KBS 라디오드라마뿐만 아니라 국악방송과 교통방송 등의 특집 드라마를 꾸준히 제작하고 있어요.

그리고 언젠가 저와 가까운 작가님이 작은 선물과 함께 카드를 한 장 주셨는데, 그 카드에 적힌 짧은 문장이 기억에 남네요. 그 카드에는 '세상의 모든 소리에 영혼을 덧씌우는 남자, 안익수'라고 적혀 있었어요. 저는 세상의 많은 소리를 조율하고, 그 소리가 살아 숨 쉴 수 있게 만드는 일을 한다고 생각했기에 그 말이 와 닿았죠.

📧 저서가 있던데 직업과 관련된 책인가요?

📧 2010년에 『폴리아티스트, 소리를 부탁해』라는 책을 냈어요. 이 일을 시작할 당시에는 소리를 만들어내는 법을 배울만한 기관이나 서적 등이 없었어요. 저 역시 실전에 투입돼 선배들에게 혼나가며 배우고, 그 과정에서 응용하며 저만의 노하우를 만들어 가는 식으로 성장해 왔죠.

그러다 보니 이 분야에 대해 잘 모르는 사람이 너무 많고, 폴리아티스트가 되고 싶어도 그 방법을 몰라 발만 구르는 후배들이 많을 것 같았어요. 이 분야를 좀 더 체계화하고 싶었고, 책을 통해 폴리아티스트의 삶을 더 널리 알리고, 일반인들에게 이 분야에 대한 관심을 환기시키고 싶어 책을 냈죠. 그런 관심이 밑바탕이 돼야 우리 분야가 더욱 발전할 수 있다는 생각이 들었기 때문이에요.

그 다음으로 작년인 2016년에 두 번째 책인 『음향효과』를 출판했어요. 첫 번째 책이 일반인들과 처음으로 입문하는 음향효과 지망생들을 위한 책이었다면 두 번째 책은 현재 음향효과 업무에 종사하는 전문 인력 및 음향효과에 관심을 가지고 실생활에 응용하고자 하는 사람들에게 핵심적인 내용을 알려주려고 노력한 책이에요.

**편** 또 출간하고 싶은 책이 있나요?

**안** 네. 제가 꼭 출간하고 싶은 책이 두 가지가 있어요. 하나는 라디오 드라마를 만드는 사람들과 라디오 드라마 제작과정을 자세히 설명한 책을 만들고 싶어요. 저의 방송생활을 정리하는 보고서 같은 성격이 될 수 있을 거예요.

라디오 드라마는 오디오를 가지고 상상 속 비디오를 만드는 오디오 종합예술이라고 할 수 있어요. 라디오 드라마를 만드는 사람들은 오디오 분야에서 전문성을 가진 사람들인데 성우, 연출, 엔지니어, 음향효과 담당자들이죠. 그들의 전문성과 생활을 자세히 묘사하고 싶어요. 또한 미래의 감성 산업 선두 주자가 될 라디오 드라마의 제작 방법을 섬세하게 기록하고 싶고요.

그래서 방송국의 PD나 성우, 엔지니어, 음향효과 분야에 지망하고 싶은 사람들이나 개인적으로 오디오 드라마를 만들어보고 싶은 사람들에게 도움을 주고 싶네요. 제목도 벌써 지어 놨어요. 『라만사』라고요. '라디오 드라마를 만드는 사람들'이라는 뜻이죠.

또 하나의 책은 현재 작업 중인데요. 현대인들을 위해서 음향효과를 사용하는 책이에요. 어떤 책인지 감이 잘 오지 않으시나요? 한마디로 말해서 어른들을 위한 오디오북이라고 할 수 있어요. 아이들을 위한 오디오북은 많이 나와 있죠. 어른들을 위한 오디오북인 이 책은 어른들의 감성을 어루만져주는 책이 될 거예요.

괴로울 때 책을 펼쳐보면 소리가 나와서 사람들을 위로해주죠. 슬플 때, 기쁠 때, 긴장될 때, 응원을 받고 싶을 때 등 여러 가지 상황에서 독자들을 소리로 위로하는 책이에요. 음향효과를 사람의 감성에 활용한 획기적인 책이죠. 소리는 스마트폰의 이어폰으로 책의 큐알QR: Quick Response코드를 통해서 들을 수 있고, 간단한 소리 설명도 들어가게 될 거예요. 기대해주세요.

**편** 감독님에게도 멘토가 있나요?

**안** 저의 정신적인 멘토는 김벌레 선배님이에요. 제가 처음에 KBS에 들어왔을 때 계시진 않았지만 늘 제 마음의 우상이셨죠. 광고 음향효과 쪽에서는 전설적인 분이시라 배울 점이 많은 분이세요. 그분이 바로 콜라병 따는 소리로 백지수표를 받았던 분이시죠. 정통 드라마를 떠나 외도를 했다고 하여 선배들 중 일부는 그분을 폄하하는 사람들도 있는데 음향효과를 대중에게 알리고 그 영역을 넓힌 분이라 저는 좋아해요. 특히 평소 광고효과에 관심이 많은 저는 그분을 광고음향효과의 선각자로 존경하고 있어요.

두 번째 멘토는 방송국에서 근무하셨던 매형인데 제가 군 전역 후 잠깐 컴퓨터 회사에서 일할 때 방송국 음향효과 분야를 추천해주셨고 프리랜서팀과도 연결해주셨어요. 방송국 사운드 분야에 대해 잘 모를 때 음향효과 분야에 대해 알려주시고, 조언도 많이 해주셨어요. 오늘날 저를 있게 해주신 진정한 현실 속의 멘토라고 할 수 있겠죠.

또 한 분이 더 계신데 저의 박사학위과정 지도 교수님이신 배명진 교수님이세요. 현재 숭실대학교 전자정보공학부 교수님이시자 소리공학연구소 소장님으로 활동하고 있으세요. 〈동물농장〉과 〈스펀지〉, 〈위기탈출 넘버원〉 등 다양한 프로그램에 출연하셔서 소리를 재미있게 분석해주시고, 어떻게 하면 소리를 인류에게 유익하게 활용할 수 있는지 꾸준히 연구하고 계시죠.

특히 융합에 대한 안목이 뛰어나시고 깨어 있는 사고를 하시는 분이세요. 저는 문화콘텐츠학을 전공해서 소리 콘텐츠 영역을 연구하기 때문에 공학과는 분야가 다르지만 그럼에도 불구하고 저를 소리공학연구소에 받아주셨어요. 자기 분야만 고집하는 다른 연구소와는 달리 구태의연한 기존 연구 환경을 과감히 배제하고 새롭고 다양한 융·복합 연구 환경을 만드신 거죠.

그 덕분에 저도 소리공학연구실에서 소리와 관련된 많은 논문을 썼고, 프로젝트에도 참여할 수 있었어요. 그리고 마침내 제가 일하는 음향효과 분야의 논문을 체계적으로 정립하여 박사학위를 취득할 수 있었죠. 앞으로도 저는 소리공학연구소의 연구 이념을 이어받아 음향효과가 인류에게 유익하게 활용될 수 있는 환경을 만들기 위해 더욱더 열심히 노력할 거예요. 그러니 배명진 교수님은 저의 현재와 미래를 함께하는 든든한 멘토이신 거죠.

편 이 일을 언제까지 하실 계획인가요?

안 프리랜서는 정년이 없어요. 저는 프리랜서 음향효과감독이고요. 그 대신 프리랜서는 불러주지 않으면 즉, 필요로 하지 않으면 일을 할 수 없어요. 그 말은 저를 필요로 할 수 있게 준비되어 있어야 한다는 말일 거예요. 이제 저의 대답이 뭔지 아시겠죠? 저를 필요로 해서 불러줄 때까지 최선을 다해 이 일을

할 생각이에요. 이 일은 저의 천직이기에 제가 먼저 그만두는
일은 없을 거예요.

편 10년후 쯤 어떤 미래를 꿈꾸시나요?

안 제 꿈은 교단에 서서 학생들을 가르치고, 산업체와 협력
해서 음향효과의 실용화에 대한 연구를 계속 하는 거예요. 저
를 필요로 하는 대학에 가서 25년간의 방송 실무 경험과 석,
박사 기간의 연구를 토대로 문화콘텐츠학과나 음향제작과, 전
자공학과 등 다양한 학문과 교류하고 싶어요. 학교와 신입제

간의 교류를 통해 음향효과 콘텐츠의 융합 커리큘럼을 만들어 AI나 IOT와 접목해 새로운 음향효과 콘텐츠를 개발할 수도 있어요. 이런 연구를 통해 음향효과가 우리 실생활에 많이 쓰일수록 관련 일자리도 많아지겠죠.

그리고 한 20년 후에는 작은 규모의 소리 체험관을 만들 거예요. 소리 박물관이자 소리 놀이터죠. 제가 연구했던 것을 모두 진열해 놓고 어린 학생들이 와서 체험하며 놀 수 있게 하고 싶어요. 저는 항상 거길 지키고 있는 소리 할아버지가 되고요. 학생들과 소리란 무엇인지 얘기도 하고, 소리가 인류에게 미치는 영향에 관해서도 재미있게 알려주고 싶어요. 인류에게 도움이 되는 소리와 악영향을 주는 소리를 알려주어 소리를 잘 사용할 수 있도록 하고 싶어요. 사라져가는 한국의 소리도 보존하여 들려주고 싶고, 소리를 만들어내는 경험도 함께하고 싶어요. 소리 체험을 통해 자라나는 꿈나무들에게 소리에 대한 관심을 유도하고 창의적인 꿈을 많이 꿀 수 있게 도와주는 게 제 바람이에요.

# 음향 관련 직업

레코딩엔지니어
게임사운드크리에이터
작곡가 · 작사가 · 편곡가

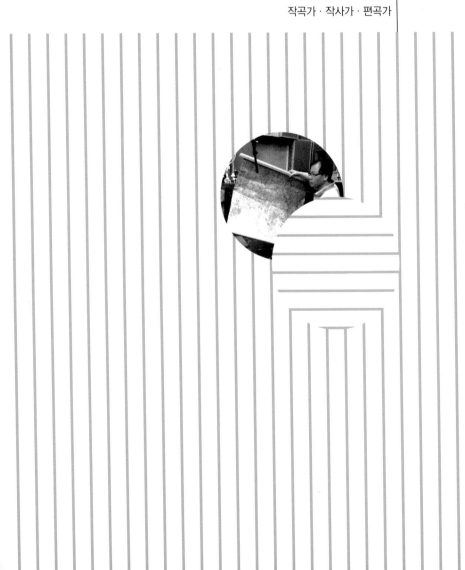

비빔밥 좋아하시나요? 각종 채소와 나물, 고기에 고추장과 참기름까지! 젓가락으로 살살 섞어서 먹는 비빔밥은 대표적인 한류 음식으로 꼽히며 한국을 넘어 세계인의 사랑을 받고 있어요. 언뜻 드는 생각으로는 '거창한 조리법이 있는 것도 아닌데 어떻게 한국을 대표하는 음식이 되었을까?' 의문이 들기도 합니다만, 한 번 더 생각하면 제각각의 맛을 지닌 여러 가지 재료가 어우러져 새로운 맛을 만들어낸다는 것이 몹시 매력적으로 여겨집니다. 게다가 갖가지 나물이며, 채소, 고기 등 비빔밥의 재료가 되는 것들 중 허투루 만들어지는 것은 하나도 없어요. 다지고, 채 썰고, 볶고, 데치는 과정을 거쳐 비빔밥을 완성하는 재료로서 사명을 다합니다. 여기에 비비는 사람의 손기술(?)까지 더해져 드디어 요리로 완성되는 것이죠. 지금부터 소개해드릴 직업인은 소리 비빔밥의 달인입니다. 여러 가지 사운드를 섞어 음악이라는 비빔밥을 완성하는 사람들, 레코딩엔지니어를 만나러 가볼까요?!

## 어떤 일을 하나요?

좋아하는 가수의 노래를 듣다가, 어느 한 부분이 너무 좋아서 그 부분만 반복해서 듣게 되는 경우가 있어요. 둥둥둥 ~ 울리는 베이스 기타의 저음이 마음을 확 끌어당기기도 하고, 가수의 목소리와 드럼, 전자기타의 비트가 어우러지는 클라이맥스 부분이 매력적일 때도 있습니다. 귀 기울여 듣다 보면 다양한 사운드가 모여 비로소 한 곡이 완성됨을 알 수 있어요. 그래서 제각각의 사운드를 녹음해 한 곡을 완성하는 과정은 정성스레 비빔밥을 만드는 것과 같습니다.

레코딩엔지니어는 음향엔지니어라고도 불리는데요. 넓게는 공연장의 공연음향 장치나 음향기기를 설치하거나 영화, 방송 등의 제작에 필요한 음악, 음향효과, 대사 등을 녹음하고, 관련 장비를 조작하는 사람 모두를 포함합니다. 하지만 좁게는 제작 음반에 들어갈 연주와 노래를 녹음하고 음을 조절하여 하나의 완성된 음악으로 만드는 사람을 말합니다. 이들은 분야에 따라 녹음엔지니어, 믹싱엔지니어, 마스터링엔지니어로 구분됩니다.

먼저 녹음엔지니어Recording Engineer는 하나의 음악에 들이가는 드럼, 기타, 피아노 연주와 노래 등의 소리를 녹음하는 일을 합니다. 이후에 믹싱엔지니어<sup>Mixing Engineer</sup>는 각각 녹음된 사운드를 하나의 조화롭고, 균형 잡힌 음악으로 만들어 냅니다. 전체적인 소리의 조화를 완벽하게 만들어내야 하므로 보통 녹음엔지니어로 오랜 경력을 쌓은 사람이 믹싱 작업을 맡습니다. 마스터링엔지니어<sup>Mastering Engineer</sup>는 녹음과 믹싱이 끝난 음원(카세트테이프나 CD 등의 음반 원본)을 받아 전곡이 자연스럽게 연결되도록 사운드, 음색, 음량 등을 최종적으로 확인하고 보정하여 최상의 음원을 만들어 냅니다. 한마디로, 녹음엔지니어에 의해 녹음된 음원은 믹싱엔지니어에 의해 조화롭게 다듬어지고 마스터링엔지니어에게서 아름다운 음원으로 태어납니다.

*어떻게 준비하나요?*

과거에는 주로 전자과, 전자공학과 출신의 전공자들이 이 분야로 진출하는 경우가 많았어요. 그러나 요즘은 대학의 음향제작과, 음향공학과, 실용음악과, 방송아카데미, 사설학원 등에서 레코딩엔지니어로서의 역량을 갖춘 뒤 사회로 진출하는 경우가 많습니다. 하지만 특별히 학력 제한이 있는 것은 아니며, 레코딩엔지니어로 활동하고 있는 사람들 중에는 해외 유학을 다녀온 사람도 많습니다. 무엇보다 중요한 것은 녹음실에 들어가서 수습과정 등을 통해 실제로 업무 과정을 지켜보면서 배우는 것이 가장 빠르고 확실한 방법이라고 하네요.

함께 작업하는 음악프로듀서, 작곡가, 편곡가들과 원활하게 의사소통을 하려면 폭넓은 음악지식도 필요합니다. 음향학에 대한 이론과 각종 음향기기, 그리고 관련 소프트웨어 등을 다룰 수 있는 전문성이 요구되지요. 특히 음향엔지니어는 특히 음향학에 대해 공부할 필요가 있다고 해요. 체육관에서 공연을 한다고 가정했을 때, 그 체육관의 구조와 크기에 가장 잘 맞는 음향장비는 무엇이며, 어떻게 설치해야 하는지 등을 알 수 있어야 합니다. 또한 녹음 시 사용되는 각종 악기의 기본적인 특성들을 이해할 줄 알아야 합니다. 대중음악의 경우, 유행이 빠르게 변하기 때문에 그 흐름을 파악하는 감각을 키우는 것도 매우 중요합니다. 경쟁력 있는 레코딩엔지니어가 되기 위해서는 신제품 음향장비와 기기, 새로운 기술을 남보다 앞서 습득하는 자세가 필요하며, 이를 위해서는 외국어 실력도 요구됩니다.

## 이 직업의 현재와 미래는?

2000년대 이후 음악파일 공유 및 MP3 음악파일 불법 다운로드로 인해 음반판매량이 급격히 감소해왔습니다. 이에 따라 음반을 녹음하거나 마스터링을 하는 스튜디오와 엔지니어도 어려움을 겪고 있어요. 음반시장이 활성화되더라도 녹음실에서는 인력을 많이 필요로 하는 편이 아니어서 향후 레코딩엔지니어의 일자리는 현 상태를 유지하는 수준일 것입니다. 하지만 미국의 경우를 보면, 투나잇 쇼와 같은 유명한 프로그램의 경우 음향 엔지니어링에 굉장한 공을 들이고 있습니다. 음향엔지니어의 연봉이 10억 대에 이른다고 해요. 향후 우리나라도 지금보다 공연문화가 좀 더 발달하면 이 분야의 일자리에도 긍정적인 영향을 줄 것으로 보입니다.

레코딩엔지니어는 오랜 기간 활동하다 직접 음반제작사를 차리기도 하고, 방송 분야의 음향담당자로 직장을 옮기거나, 대학 또는 학원에서 강사로 활동하는 경우도 있습니다. 특히 최근에는 공연문화의 활성화로 공연 분야에서 음향을 담당하는 엔지니어에 대한 수요가 늘고 있습니다. 음향학에 대한 이론과 기술을 폭넓게 이해하고 학습한다면 레코딩 분야의 엔지니어로만 한정되는 것이 아니라, 인접 분야로 진출할 수 있는 다양한 기회가 주어질 수 있습니다.

이 일은 특히 섬세함과 예민한 감각, 감성이 필요한 일입니다. 이 때문에 여성에게 적합한 일일 수 있어요. 다만, 밤샘 작업이 많은 것은 감내해야 할 부분입니다. 음향엔지니어의 경우 현장에 음향장비들을 설치하고 해체하는 과정을 반복하는 등 체력적으로는 힘들 수 있다네요. 또 스튜디오 녹음이 아닌 공연장에서 주로 일할 경우, 큰 사운드에 자주 노출되기 때문에 귀 건강에 문제가 있을 수 있고, 녹음을 다시 할 수 없는 현장성 때문에 항상 긴장 속에서 일해야 하는 스트레스가 있답니다.

녹음(레코딩)을 어떻게 하느냐에 따라 음악을 듣는 사람들의 감흥이 달라진다고 해요. 마치 사진작가가 굶주린 야생 호랑이의 사나운 눈빛을 포착하는 것처럼, 뮤지션이 최고의 기량을 뽐낼 수 있는 상태를 찾아 녹음을 하는 이들, 참 멋진 일이지 않나요?

# 게임사운드크리에이터

아이돌 가수 '수지'를 단박에 '국민 첫사랑'으로 탈바꿈하게 한 영화 〈건축학개론〉, 한국 멜로영화 최대 관객을 동원하며 첫사랑 신드롬을 일으켰습니다. 여기에는 OST인 '기억의 습작'도 한몫했어요. 발표된 지 20년 가까운 노래가 음원 차트에서 1위를 차지하는 기현상을 빚기도 했죠. 영화 내용과 분위기에 꼭 맞는 음악이어서 관객들의 극 몰입도에 크게 기여했다는 평이었습니다. 이제 이 노래를 들으면 자동으로 영화 속 장면이 떠오를 것 같은데요. 이런 게 소리의 힘이 아닐까 싶어요.

그런데 게임에도 OST가 있다는 사실, 아시나요? 게임 음악이 OST로 나오는 것이 이제는 흔한 일이라고 합니다. '어떻게 하면 게임을 더 재미있게 만들까'하는 고민에서 효과음을 넣기 시작한 것이 이제는 게임 전반에 배경음악을 사용하기에 이르렀어요. 자본 규모가 작았던 시절, 사운드는 투자가 필요한 게임의 구성요소로 인식되지 못했어요. 늘 투자 대상에서 밀리기 일쑤였죠. 하지만 게임업계의 몸집이 커지면서부터 사운드 전문팀을 따로 구성하고, 각 개발팀마다 사운드 담당 인력을 따로 편성해 작업할 정도로 개발환경이 좋아졌답니다. 특히 3D 게임이 대중화된 이후 더 많은 사운드 전문 인력을 필요로 하고 있다네요.

## 어떻게 준비하나요?

게임사운드크리에이터가 되기 위해서는 작곡, 편곡 실력도 중요하지만, 게임음향에 대한 이해가 필요해요. 실제로 음악대학 출신들이 많이 활동을 하고 있지만, 가장 중요한 것은 컴퓨터와 신디사이저를 활용할 수 있는 능력입니다. 대체로 많은 소리를 컴퓨터를 이용해 만들어내야 하기 때문입니다. 또한 MIDI 음악에 대한 지식과 음향 관련 소프트웨어 툴을 다룰 수 있어야 해요.

실용음악과, 작곡과, 게임학과, 음향학제작과 등의 대학의 관련 학과를 전공하거나 실용음악, 게임 관련 사설학원을 통해서 관련 교육을 받을 수 있어요. 그러나 전문대학이나 관련 학과를 졸업했다고 해서 바로 책임 있는 일이 주어지지는 않아요. 먼저 해당 부서에서 2~3년 정도의 인턴 기간을 거치게 되면 실제 현장에서 테크닉이나 노하우를 습득할 수 있어요.

MIDI<sup>Music Instrument Digital Interface</sup> 음악 전자 음향을 합성하는 장치나 디지털 피아노로 여러 가지 전자음악 장치들을 연결하여 음악을 만드는 것. 컴퓨터를 이용하여 음악을 편집하거나 특수한 효과를 내기 위해 주로 사용됨.

## 이 직업의 현재와 미래는?

게임 개발에서 사운드 분야가 점차 전문화되고 있지만, 그래픽이나 프로그램 인력에 비하면 사운드 전문 인력은 소수가 일하고 있습니다. 국내 개발사에 게임사운드 전문 인력을 두고 있는 곳도 생각보다 많지 않아요. 이는 아직까지 게임사운드 제작이 프리랜서나 사운드 관련 외주업체를 통해 많이 이루어지고 있기 때문이지요. 또한, 외주업체 대부분이 영세한 수준이라 근무환경이 다소 열악한 편입니다. 게임산업의 성장에 따라 관련 업체들이 증가하고 타 분야의 사운드 제작을 담당하던 사람들도 이 분야로 진출하면서 경쟁도 치열해지고 있어요.

하지만 게임산업의 규모가 커지면서 열악한 환경이 조금

씩 개선되고 있습니다. 추후 게임 개발 능력이 좀 더 성장하면 게임사운드 제작 환경은 더 좋아질 것으로 보여요. 무엇보다도 게임사운드의 중요성을 인식하기 시작하면서, 제작사 내부에서 자체적으로 전문 인력을 두어 제작하려는 곳이 늘고 있는 것은 이들의 전망을 밝게 합니다. 게임 개발사가 사운드를 중시하면 외주업체에서의 사운드 전문 인력에 대한 수요도 증가하겠지요?

+ + + + + + + + + **한   걸 음   더** + + + + + + + + +

게임사운드크리에이터가 음악적 지식과 능력을 갖춰야 하는 것은 기본입니다. 중요한 것은 게임을 분석할 수 있는 능력이 필요하며, 게임 자체를 좋아하지 않으면 이 일을 성공적으로 해낼 수 없다는 거예요. 현장에서 일하는 전문가들은 스피커 없이 게임을 해도 소리가 느껴지고, 게임의 로고 이미지만 봐도 음악이 떠오를 수 있어야 한다고 합니다. 이는 '어떻게 하면 소리를 이용해 게임을 더 재미있게 만들까' 수없이 고민해야 나올 수 있는 결과라지요. 그러니 게임사운드크리에이터로 일하려면 무엇보다 게임을 좋아해야겠죠? 게임에 대한 열정,

새로운 것을 탐구하고 연구하려는 자세가 중요해요.

한편, 국내에서는 아직까지 게임사운드 업무가 전문화되어 있지 않아 게임사운드 외에 업무를 수행하는 경우도 많다고 해요. 따라서 영화, 애니메이션, 방송음악 등 폭넓게 지식을 쌓아 전문성을 높이는 것이 도움이 된다고 합니다.

## 작곡가 · 작사가 · 편곡가

　자타공인의 국민가수 이문세. 소녀, 옛사랑, 광화문연가, 가로수 그늘아래 서면, 그녀의 웃음소리뿐, 붉은 노을, 휘파람, 사랑이 지나가면 등 모두 나열하기 힘들 정도의 수많은 히트곡으로 무려 30여 년간 대중의 사랑을 받아왔어요. 그의 노래는 임재범, 이승철 등 당대의 뮤지션은 물론 아이돌가수 빅뱅 등을 통해 리메이크되며 세대를 뛰어넘는 인기를 누리고 있습니다. 하지만 처음부터 그가 지금의 위치에 있었던 것은 아니에요. 이문세 씨가 인기가수로 우뚝 설 수 있었던 것은 주옥같은 노랫말과 서정적인 멜로디를 만들어 낸 '이영훈'이라는 뛰어난 음악인이 있었기 때문입니다.

　작곡가 이영훈 씨를 만나기 전 이문세 씨는 발표한 음반이 잇달아 흥행에 실패해 가수이기보다는 라디로 DJ로 더 잘 알려진 상태였지만, 이영훈 씨가 작사 · 작곡한 곡으로 채워진 3, 4집 음반이 연속으로 히트를 치며 최고 인기가수로 등극하게 됩니다. 특히 이문세 씨의 4집 앨범은 285만 장이라는 경이적인 판매고를 올렸는데요. 이는 당시 한국대중음악 사상 최다 음반 판매량이었어요. 이후로도 가수 이문세 씨가 불리

히트한 대부분의 곡은 이영훈 씨의 작품이었습니다. 풍성하고 서정적인 멜로디와 클래식한 기법이 돋보이는 그의 곡은 새로운 음악적 기류를 만들어냈고, 이후 변진섭, 신승훈 등이 팝 발라드의 계보를 이어갔지요. 작곡가 이영훈은 한국 대중음악사에 팝 발라드라는 새로운 장르를 개척한 것으로 평가받고 있습니다.

## 어떤 일을 하나요?

사랑에 빠지면 세상의 모든 사랑 노래가 내 이야기로 들린다고 해요. 처음 사랑을 시작할 때의 설렘과 풋풋함, 이별 후의 아린 마음, 절절한 그리움과 추억이 고스란히 담긴 가사를 듣고 있자면, 누군가 내 마음을 들여다보기라도 한 것 같습니다. 더군다나 가사에 꼭 맞는 멜로디까지! '대체 이 노래는 누가 만든 거야? 어떤 마음으로 이런 가사와 곡을 썼을까?' 궁금할 때가 종종 있어요. 작곡가, 작사가, 편곡가들은 바로 이러한 일을 담당하는 사람입니다. 곡을 만들고 가사를 붙이고, 듣기 좋은 노래로 편집하는 일을 해요.

작곡가는 가수들이 부르는 노래의 음을 만드는 사람이에

요. 과거에는 머릿속에 떠오른 악상을 기타나 피아노 등으로 연주해보고 손으로 직접 악보에 그렸지만, 요즘에는 컴퓨터를 이용해서 하나의 완성된 음악을 만들어 냅니다.

작사가는 이미 작곡된 음악을 듣고 그에 어울리는 가사를 붙입니다. 경우에 따라 작사를 먼저하고 그에 맞는 곡을 만들기도 하지요. 가요의 작사는 수필이나 시를 쓰는 것과는 다릅니다. 곡에는 반복되는 리듬과 절정 부분이 있고, 또 랩의 경우에는 일정한 글자 수와 유사한 발음이 연속적으로 나오는 라임rhyme이 있기 때문이지요. 작곡가가 작사까지 겸하는 경우도 많습니다. 이영훈 씨도 작곡과 작사를 함께하는 음악인이었지요.

편곡가는 곡을 다듬어주는 역할을 하는데요. 곡에 따라 어떤 악기 연주가 알맞은지, 어떤 코러스가 필요한지를 판단해 연주 효과를 높입니다. 이러한 부분은 작곡 작업과 매우 밀접한 관련을 갖고 있기 때문에 작곡가가 직접 편곡 작업까지 하는 경우가 많습니다.

## 어떻게 준비하나요?

　작곡가나 편곡가가 되려면 대학의 실용음악과나 음악대학, 실용음악 사설학원 등에서 교육을 받는 것이 보편화 되어 있죠. 물론 천재적인 재능을 갖춘 사람이나 노력파는 스스로 독학하고 다양한 경험을 통해서 이루어내는 사람도 있지만요. 그래도 본인이 천재가 아닌 이상 기본기를 갖추고 롱런하기 위해서는 어릴 적부터 또는 대학과정 부터라도 체계적인 교육을 받는 것이 좋아요. 또한 작사가의 길도 있는데 감성적이고 인상 깊은 가사를 써야 하는 국어국문학과, 문예창작학과 등을 부전공으로 공부하면 도움이 돼요. 요즘은 작사가나 작곡가, 편곡가가 딱히 구분되어 있지 않고 노래까지 부르는 싱어송라이터들이 대세이며 게다가 회사까지 운영하는 CEO 뮤지션들이 각광받고 있기에 자신이 소질이 보인다면 한번 도전을 해볼 만한 영역이라고 생각해요. 그 이유는 음악의 원리를 알아야 곡을 쓰거나 편곡을 할 수 있고 그 토대 하에 노랫말이 떠오르면 더욱 훌륭한 곡이 탄생할 수 있기 때문이죠. 음악의 원리를 알고 있는 상태라면 반대로 노랫말이 먼저 떠오르더라도 자연스럽게 악상을 떠올리게 되기 때문이죠. 물론 훌륭한

시인의 시에 곡을 붙이거나 기존의 곡에 노랫말을 붙이는 경우도 필요하지만 말이죠.

작곡가, 작사가, 편곡가로 활동하기 위해서는 일반적으로 음반사나 기획사 등의 오디션을 거쳐야 하는데, 먼저 음반사나 기획사에 자신이 만든 곡의 데모 테이프나 작사한 글을 보내고, 이것이 통과되면 면접을 치러야 합니다. 최근에는 음반사나 기획사에 신곡을 수집하는 부서 A&R<sup>Artist&Repertory</sup>가 생겨나는 등 예전보다 데뷔 경로가 다양해지고 있어요.

작곡가나 편곡가의 경우 악기 하나 정도는 능숙하게 다룰 수 있어야 합니다. 또한 화성, 청음(어떤 음을 듣고 그것이 무슨 음인지 아는 능력), 시창(악보를 보고 그 음을 정확하게 목소리로 낼 수 있는 능력) 및 작곡에 관한 이론과 실기에 관한 지식도 필요하죠. 편곡가의 경우 다양한 악기에 어울리는 악보를 만들어야 하기 때문에 각 악기의 특성과 가수의 음역(음이 넓이), 음성, 특기 등을 잘 파악하고 있어야 하며, 일정 수준의 녹음지식도 필요합니다. 대부분의 작업이 컴퓨터로 이루어지는 만큼 관련 소프트웨어를 배워놓는 것은 필수이지요. 이들과 달리 작사가에게는 글쓰기 능력을 비롯해 문학적인 창작 능력, 음악에 대한 이해가 요구됩니다. 장르별 특성, 곡 구성에 관한 이해와 지식이 필요하며, 풍부한 어휘력을 갖추는 것이 중요해요. 평소 팝송을 들으면서 우리말로 가사를 붙여 보거나, 기존의 가사를 개사해 보는 연습을 집중적으로 하면서 실력을 쌓는 데 도움이 된다는군요.

## 이 직업의 현재와 미래는?

2000년대 초반까지는 인기가수의 앨범이 100만 장 이상 팔리는 일이 종종 있었으나 경기침체에 따른 음반시장의 불황과 인터넷의 발달로 30만 장 팔리는 앨범도 많지 않습니다. 이 때문에 음반기획이나 제작이 급격히 줄었고, 자연스럽게 대중음악가의 일자리도 줄고 있어요. 특히 최근 아이돌 가수가 인기를 끌면서 음반 기획사마다 아이돌 가수 위주로 음반을 제작하는 등 대중가요계가 획일화되었다는 우려도 있습니다. 음반사들이 위험 부담을 줄이고자 실력 있는 작곡가나 작사가를 배출하기보다는 이전에 인기를 끌었던 음악을 리메이크한 음반이나 기존에 발표된 곡들을 특정한 테마로 모아 편집 음반 형태로 제작하는 일도 흔합니다. 최근에는 인터넷과 모바일기기의 발달에 따라 음반시장은 디지털 음원 중심으로 바뀌어 싱글앨범, 디지털앨범 등 한두 곡만 음원으로 발표하는 추세인데요. 대부분의 온라인 음원사이트는 정액요금제로 소비자들이 음원을 다운받을 수 있게 하면서 대중음악가들의 수입이 많이 떨어졌습니다. 게다가 소비자들이 음악파일을 공유하거나 비정상적인 경로를 통해 불법으로 MP3 파일을 다운로드하는 일이 잦아 저작권을 가진 음악가들에게 부정적인 영향을 미치고 있어요. 대중음악가들은 음반과 음원 판매에 따라 일정 비율의 인세를 받기 때문에 불법으로 음악파일을 다운로드받으면 자연히 수익이 줄어들지요. 하지만 다행스럽게도 이런 문제를 공감하고 정당한 대가를 지불한 후 음악을 감상하자는 사람들의 목소리가 커지고 있어요. 이런 사회적 분위기는 대중음악가에게 긍정적인 영향을 미칠 것으로 보입니다.

+ + + + + + + + + + 한    걸   음    더 + + + + + + + + + +

앞서 최근 음반사나 기획사마다 신곡을 수집하는 부서 A&R이 생겨났다는 이야기를 했습니다. A&R은 회사에 필요한 곡을 쓸 뮤지션을 찾고, 그 제작 과정 전반을 관리하는 일을 하지요. 좋은 곡과 가사를 쓰는 데 자신이 있다면, 혹은 기존의 곡을 편곡해 전혀 다른 분위기의 곡으로 만들어내는 데 자신이 있다면 유튜브 등을 통해 꾸준히 자신의 작품을 홍보해보세요. 초등학생부터 백발이 성성한 어르신까지 스마트폰으로 노래를 듣는 세상입니다. 전 세계 네티즌들이 올리는 동영상 콘텐츠를 공유하는 유튜브에서 유명세를 얻으면 언젠가 유명 음반사의 A&R 부서에서 여러분을 찾아올지도 모르잖아요!

**출처**

한국고용정보원 워크넷

홈페이지: http://www.work.go.kr

한국고용정보원
Korea Employment Information Service

청소년들의 진로와 직업 탐색을 위한
잡프러포즈 시리즈 07

소리에 설레는

음향과
효과
감독

2017년 3월 20일 | 초판 1쇄
2023년 3월 20일 | 초판 6쇄

지은이 | 안익수
펴낸이 | 유윤선
펴낸곳 | 토크쇼

편집인 | 박가영
디자인 | 김연희
마케팅 | 김민영

출판등록 2016년 7월 21일 제2019-000113호
주소 | 서울시 서초구 나루터로 69, 107호
전화 | 070-4200-0327
팩스 | 070-7966-9327
전자우편 | myys327@gmail.com
블로그 | http://blog.naver.com/talkshowpub
ISBN 979-11-88091-06-5 (43190)
정가 | 15,000원